Hans Maier

Die christliche Zeitrechnung

HERDER / SPEKTRUM

Band 4018

Das Werk

Sich in der Zeit zu orientieren ist ein menschliches Grundbedürfnis. Vorstellungen vom Beginn und Ende der Zeit, Festkalender des Jahres, aber auch die Bestimmung des eigenen Orts in der Weltgeschichte, wie er sich in den Zeitrechnungen der großen Religionen zeigt, all das ist Ausdruck eines solchen Zeitverständnisses. Wir zählen die Zeit von Christi Geburt aus nach vorwärts und rückwärts. Diese Zeitrechnung erscheint uns heute das Selbstverständlichste der Welt. Daß das nicht immer so war, das zeigt Hans Maier in einem spannenden und brillant geschriebenen kulturgeschichtlichen Durchblick. Fragen wie diesen geht er dabei nach: Was hat es mit der christlichen Zeitrechnung auf sich? Wie hat sie sich in ihren Grundformen entwickelt? Wie ist die Entstehung des Kalenders zu erklären? Maier veranschaulicht aber auch politisch-kulturelle Gegenentwürfe zum Christentum, die sich in Gegenzeitrechnungen und Gegenkalendern ausdrückten. Quellen, auf die sich die Darstellung stützt, sind in einem Leseteil dem Buch ebenso beigefügt wie bildliche Darstellungen.

Der Autor

Hans Maier, geb. 1931, 1962 Ordinarius für politische Wissenschaft an der Universität München; 1966 bis 1970 Mitglied des Deutschen Bildungsrates, 1970 bis 1986 Bayerischer Staatsminister für Unterricht und Kultus. Seit 1988 Professor für Christliche Weltanschauung, Religions- und Kulturtheorie (Romano-Guardini-Lehrstuhl) an der Ludwig-Maximilians-Universität München. Zahlreiche Veröffentlichungen.

Hans Maier

Die christliche Zeitrechnung

Herder

Freiburg · Basel · Wien

Originalausgabe

Alle Rechte vorbehalten – Printed in Germany
© Verlag Herder Freiburg im Breisgau 1991
Herstellung: Freiburger Graphische Betriebe 1991
Umschlaggestaltung: Joseph Pölzelbauer
Umschlagmotiv: Septizodium (Ausschnitt), Pergamentblatt,
ehemals Vorsatzblatt einer Reichenauhandschrift,
Badische Landesbibliothek, Karlsruhe
ISBN 3-451-04018-2

DIE ZEIT IST EDELER
ALS TAUSEND EWIGKEITEN.

Angelus Silesius

*Titelvignette zu den „Astronomisch- und Astrologischen Beob-
achtungen", in: Der Hinkende Bote von Vivis 1812 (aus:
Kalender-Bilder, Schweizerisches Museum für Volkskunde
Basel, Ausstellung 1978/79, S. 12).*

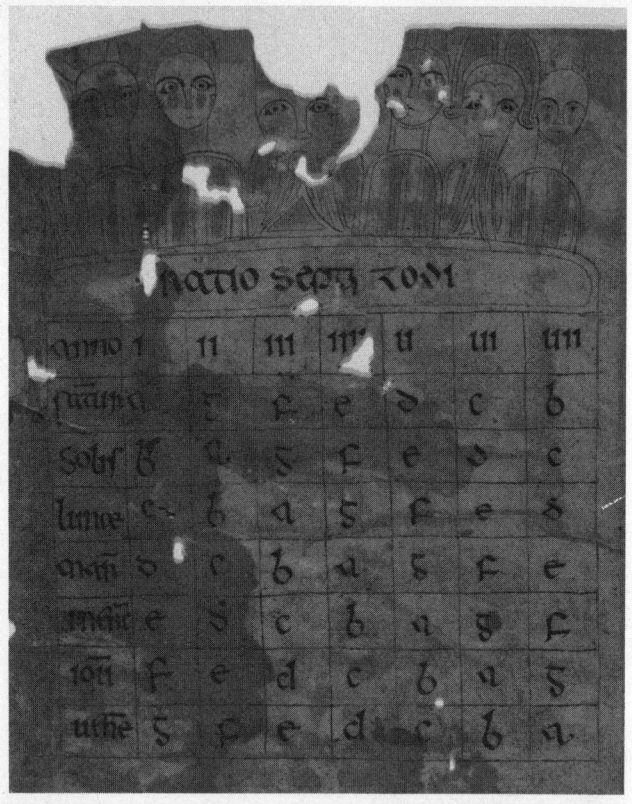

Septizodium, vergrößerter Ausschnitt der Vorderseite einer astronomischen und komputistischen Tafel. Herkunft ungewiß (irische Schrift), 8. Jahrhundert. Die sieben Tagesgottheiten: Saturn (nur noch Bart erkennbar), Sonne, Mond, Mars, Merkur, Jupiter, Venus. In der äußeren Kolonne links die (heidnischen) Tagesnamen, Ausdruck einer sich behauptenden Tradition vorchristlicher Anschauungen (Badische Landesbibliothek, Karlsruhe).

Inhalt

Vorwort

Wir zählen die Zeit von Christi Geburt aus nach vorwärts und nach rückwärts. Diese Zeitrechnung ist uns heute das Selbstverständlichste der Welt. Doch das war nicht immer so: Die Zählung *nach Christus* hat sich erst im sechsten nachchristlichen Jahrhundert entwickelt; und noch wesentlich jünger ist die Zählung der Jahre *vor Christus*, die noch lange, bis tief in die Neuzeit hinein, mit der biblizistischen Ära (seit Erschaffung der Welt) konkurrierte.

Wie ist es zu diesen Zählweisen gekommen? Wie hat sich die christliche Zeitrechnung in ihren beiden Formen entwickelt? Und in Zusammenhang damit der *Kalender* – die Gliederung des Jahres nach Wochen und Monaten, nach Festen und Gedenktagen? Das versucht dieses kleine Buch in den Grundzügen darzustellen. Es geht zurück auf ein Seminar am Lehrstuhl für Christliche Weltanschauung, Religions- und Kulturtheorie der Universität München im Sommer 1989. Die Quellen, auf die sich die Darstellung stützt, sind zur Information des Lesers auch in der Originalsprache beigegeben. Für die Hilfe bei der Erstellung des Quellenteils danke ich meinem Mitarbeiter Michael Schäfer (München), für wertvollen kollegialen Rat Anna-Dorothee v. den Brincken (Köln), Arno Borst (Konstanz), Bronislaw Baczko (Genf), Reiner Kaczynski (München) und Peter Rück (Marburg). Die Erstellung der Satzvorlage war bei Angelika Mooser in den besten Händen.

München, im Januar 1991   *Hans Maier*

DIE CHRISTLICHE ZEITRECHNUNG

Christusmonogramm, Mosaik im Baptisterium von Albenga, Ligurien, 5. Jahrhundert.

1. „Unter der Herrschaft Christi"

Laden wir zu einer Veranstaltung ein mit einem Datum, das Tag, Jahr und Stunde angibt, so meinen wir mit der Jahreszahl: im Jahr Neunzehnhundert ... *nach Christi Geburt.* Das braucht nicht eigens hinzugefügt zu werden, es versteht sich in unserem Kulturkreis von selbst. Ausdrücklich erwähnt wird der Name Christi nur bei der Zählung der Jahre *vor* der Zeit – etwa wenn wir sagen, die Schlacht von Issos habe im Jahr 333 *vor Christus* stattgefunden, um mögliche Verwechslungen mit dem Jahr 333 *nach Christus* zu vermeiden.

Beide Zählungen, die nach vorwärts und die nach rückwärts, die prospektive und die retrospektive Zeitrechnung[1], nehmen ihren Ausgang vom gleichen historischen Punkt: der Geburt Christi. Die christliche Zeitrechnung zählt also nicht, wie sonst üblich, von einem Anfang, sondern von einer Mitte her und von da nach vorwärts und zurück. Das bestimmende Ereignis steht *inmitten* der Geschichte. Mit Recht sprechen wir von einer „Wende der Zeit". Der Geburtstag des betlehemitischen Kindes teilt die Zeit in ein Vorher und ein Nachher; die Zeitrechnung läuft nach beiden Seiten, in die Vergangenheit zurück und in die Zukunft hinein.

Das ist oft theologisch gedeutet worden: als ein Hinweis auf die Neuheit, die Einzigartigkeit des Christusereignisses; auf Christus, den Herrscher der Welt, von dem es in der Osterliturgie heißt: „Sein ist die Zeit und die Ewigkeit." Aber diese Deutung ist erst relativ jungen Datums[2] – wie auch die christliche Zeitrechnung als Ganzes in ihren beiden Formen sich erst spät entwickelt und durchgesetzt hat. Die Urkirche und die frühe Christenheit dachten noch nicht daran, die tägliche Zeit am Jahr der Geburt oder des Todes Christi zu messen. Ein Gefühl dafür, daß Jesu Werk ein Maßstab sei auch für das allgemeine Geschehen in der Welt, war erst in Ansätzen vorhanden. Daher bestand auch kein Bedürfnis, eine gänzlich neue, eine christliche Zeitrechnung einzuführen. Und so benutzten die Christen neben der biblizistischen Weltära des Judentums (seit Erschaffung der Welt) ganz unbefangen auch die damals üblichen anderen Zeitrechnungen: die römische Ära *ab urbe condita*, die Datierung nach Konsulatsjahren und kaiserlichen Regierungsjahren, ja sogar die diokletianische Ära, obwohl sie an einen der heftigsten Christenverfolger erinnerte[3].

Warum hat sich ein Gefühl für den Zusammenhang von biblischer Geschichte und allgemeinem Weltgeschehen bei der frühen Christenheit nur langsam und erst spät entwickelt? Drei Gründe dürfen genannt werden. Einmal lebten die Christen jener Zeit in der Erwartung des Gottesreiches und seiner künftigen Herrlichkeit – davor verblaßte vieles, ja das meiste andere. Was unter irdischen Gesichtspunkten wichtig war – Reich, Kaiser, Politik, Kriegsdienst –, rückte in den Hintergrund[4]. Sodann waren die Christen vor der konstantinischen

Wende eine gesellschaftliche Minderheit; sie wurden verachtet, gehaßt, verfolgt; sie konnten auch in ihren kühnsten Vorstellungen nicht damit rechnen, eines Tages das Ganze der Gesellschaft zu umfassen und die Richtung von Staat und Politik zu bestimmen. Ihr Horizont war die nahe mitchristliche Umwelt, die Gemeinde, in der das neue Gesetz des Friedens und Verzichts schon wirksam war – und diese Gemeinde fügte sich unauffällig in Sprache und Sitten der übrigen Menschen ein. Wie es der altchristliche Diognetbrief formulierte: „Sie (sc. die Christen) bewohnen Städte von Griechen und Nichtgriechen, wie es einem jeden das Schicksal beschieden hat, und passen sich der Landessitte in Kleidung, Nahrung und sonstiger Lebensart an ... Jede Fremde ist ihnen Vaterland und jedes Vaterland eine Fremde ... Sie weilen auf Erden, aber ihr Wandel ist im Himmel."[5] Man kann hinzufügen: Sie leben in der irdischen Zeit, sind aber schon Bürger eines anderen, ewigen Äons. Beides, das ewige Heil und die irdische Zeit, in einer gemeinsamen Zeitrechnung zu verknüpfen – dieser Gedanke mußte den Christen jener Zeit ganz fernliegen.

Der wichtigste Grund war aber der, daß sich die Vorstellung eines heiligen Geschehens, eines bedeutsamen Zusammenhangs aus Ereignissen und Geschichten zuerst im Bereich der *biblischen Geschichte* bildete und sich lange Zeit auf ihn beschränkte. Das war ein Vorgang zwischen jüdischer und christlicher – noch nicht zwischen christlicher und heidnischer Welt. Daß in Jesus „die Zeit erfüllt war", daß in seinem Leben und Werk Gestalt annahm, was „die Propheten verheißen hatten" – das betraf zunächst und mit Vorrang die jüdisch-christliche Überlieferung. Es betraf jene Zeitlinie, die von Abraham (Adam) und den Propheten bis zu Jesus reichte – bis zu Jesu Tod, Auferstehung und bevorstehender Wiederkunft. Offen blieb, was diese Geschichtslinie für die allgemeine Geschichte bedeutete, in welcher Weise die Geschichte des Heils in Christus die „weltliche" Geschichte einschloß.

Im Neuen Testament ist das Christusereignis vielfältig mit der älteren biblischen Geschichte verknüpft: erinnert sei an die Genealogien Jesu bei den Synoptikern (Mt 1, 1-17; Lk 3, 23-38) und an das Wechselspiel von Weissagung und Erfüllung, heiligem Geschehen und Schriftbezug, das viele Texte durchzieht. Man kann von einer prophetisch gedeuteten Geschichte sprechen. Aber es gibt auch – schwächer ausgezogene – Linien zur „profanen" Geschichte hin: so z. B. die Einbettung der Geburt und des Wirkens Jesu in die zeitgenössische Herrscherchronologie[6] und die historischen Zeitbezüge in der Apostelgeschichte. Ehe die biblische Geschichte auf die profane einwirken konnte, mußte sie sich selbst an jener legitimieren. Das Christusereignis mußte nach Ort und Zeit beglaubigt und allen sichtbar vor Augen gestellt werden. Das macht begreiflich, weshalb die christliche Chronologie sich nur langsam von den jüdischen und profanen Zählweisen löste[7], weshalb sie lange Zeit ein Modus neben anderen blieb.

Theologisch war der wichtigste Anknüpfungspunkt für das entstehende christliche Zeitbewußtsein der Gedanke der Herrschaft Christi über Raum und Zeit. Die Erhöhung Christi „über alle", seine Herrschaft über Himmel und Erde (Phil 2, 9-11), die Gestalt des Kyrios Christus, „durch den alles ist und wir durch ihn" (1 Kor

8, 6), das Bild des Sohnes Gottes als „Erben des Alls"
(Hebr 1, 2-5) – dies alles wies schon über die jüdisch-
christliche, in den biblischen Texten vorgegebene Zeitlinie hinaus. Von hier eröffnete sich die Möglichkeit, die
gesamte Weltgeschichte in eine christozentrische Ordnung zu bringen – angefangen von der Schöpfung der
Welt und der Erwählung des Volkes Israel, der Inkarnation und der Passion Christi über die Zeit der Kirche bis
hin zur neuen Schöpfung am Ende aller Tage[8]. Die Rede
von der Königsherrschaft Christi war geeignet, den
Absolutheitsanspruch irdischer Reiche zu relativieren.
Sie befreite die Christen vom Druck tagespolitischer
Abhängigkeiten. So konnte Christus als ewiger König
den vergänglichen irdischen Herrschern gegenüberge-
stellt werden. Das mußte auf längere Frist zu Konsequenzen auch im Zeitverständnis der Christen führen.

Christus war der Herr des Kosmos. War er auch der
Herr der Zeit? Der wachsende Einfluß christozentrischer
Betrachtungsweisen läßt sich vor allem an den Datierungen der Martyrerakten seit der Mitte des 2. Jahrhunderts
verfolgen. Hier treten neben die alteingeführten Zählungen nach Herrscherjahren immer häufiger Zeitangaben, die sich unmittelbar auf Christus beziehen. So heißt
es im Martyrium des hl. Polykarp: „Der selige Polykarp
erlitt den Martertod am Zweiten des Monats Xanthikus,
am 23. Februar, an einem großen Sabbat, um die achte
Stunde. Er wurde ergriffen von Herodes unter dem
Oberpriester Philippus von Tralles, unter dem Prokonsulat des Statius Quadratus, unter der ewig währenden
Herrschaft unseres Herrn Jesus Christus. Ihm sei Ruhm,
Ehre, Herrlichkeit und ewiger Thron von Geschlecht zu
Geschlecht. Amen."[9] Der Bericht über das Martyrium

des hl. Apollonius endet mit folgender Datierung: „Es litt aber der dreimal selige Apollonius der Asket nach römischer Berechnung am 11. vor den Kalenden des Mai, nach asiatischer aber im achten Monat, nach unserer Zeitrechnung unter der Herrschaft Jesu Christi, dem Ehre sei in alle Ewigkeit."[10] Ähnliche Datierungen finden sich auch in den Akten des hl. Pionius und seiner Gefährten[11] und in den prokonsularischen Akten des hl. Cyprian[12]: In beiden steht am Ende der üblichen Zählungen nach Regierungsjahren die nun schon allgemein gebrauchte Formel „unter der Herrschaft unseres Herrn Jesus Christus"[13]. Gewiß ist diese Bezugnahme auf die Herrschaft Christi noch keine christliche Jahres- und Zeitrechnung im technischen Sinne; aber sie ist doch mehr als nur eine theologische Besiegelung „profaner" Datierungen. Der temporale Bezug ist deutlich; die Königsherrschaft Christi überwölbt die Datierungen nach weltlichen Herrscherjahren. Insofern kann man durchaus von einem „neuen Anfang" in der Zeitrechnung[14] sprechen. Der Gedanke der Königsherrschaft Christi beginnt „historische" Konsequenzen zu zeitigen.

Dabei ist noch folgendes zu bedenken: Die Berichte über das Leiden und den Tod der Glaubenszeugen wurden in den christlichen Gemeinden jeweils an den Jahrestagen des Martyriums verlesen. Das Gedenken an die Martyrer bildete die älteste Schicht kirchlicher Heiligenfeste. Aus den Gedenktagen entstand später der Heiligenkalender[15]. Die Texte der Martyrologien – z. T. auf Gerichtsprotokollen fußend – gingen so im Lauf der Zeit ins Gedächtnis der Kirche ein. Sie wurden zum Allgemeinwissen in der Christenheit[16]. Damit gehörte auch der Verweis auf die Herrschaft Christi zum allerorts bekannten Traditionsgut; wir dürfen damit rechnen, daß er überall dort gegenwärtig war, wo in Gottesdiensten der Martyrer der Kirche gedacht wurde.

Trifft das zu, so wäre das Argument, mit dem im Jahr 525 der skythische Abt Dionysius Exiguus die Abkehr von der Zählung nach der diokletianischen Kaiserära proklamierte, in der Tradition gut begründet. Dionysius, der im Auftrag Papst Johannes' I. die Osterzyklen neu berechnete, führte gegen die diokletianische Ära ins Feld, daß sie die Erinnerung an einen gottlosen Christenverfolger wachhalte – ausgerechnet bei der Suche nach dem richtigen Ostertermin müsse man der Zeitrechnung eines Tyrannen folgen! Da sei es vorzuziehen, meinte er, daß man das Zeitmaß der Jahre (annorum tempora) von der Menschwerdung Jesu Christi nehme, „damit der Ausgangspunkt unserer Hoffnung umso klarer hervorträte und die Ursache der Wiederherstellung des Menschengeschlechtes, das Leiden unseres Erlösers, umso sichtbarer erstrahle"[17]. Der Gedanke war nicht neu: Bereits 75 Jahre früher hatte der Mathematiker Victorius von Aquitanien eine Ostertafel entwickelt, die neben einer Zählung nach Konsuln eine Zeitrechnung nach Christi Passion enthielt[18]. Offensichtlich war die Zeit – 300 Jahre nach dem ersten Auftauchen von Datierungen nach Christus und fast 150 Jahre nach der konstantinischen Wende – reif für eine grundsätzliche Neubestimmung der Zeit.

Das frühe Christentum, der Herkunft aus dem Judentum noch nahe, hatte sein Zeitverständnis zuerst im Horizont biblischer Überlieferungen gefunden. Später kamen hellenistische, römische und regionale Zeitorientierungen hinzu. Dann trat die alles beherrschende

Beziehung auf Christus immer stärker in den Vordergrund – zunächst *theologisch*, als Relativierung römisch-kaiserlicher Selbstbezogenheit, als Hinweis auf den einzigen Herrscher, der diesen Namen verdiente, Christus; dann auch *historisch*, als Ansage einer neuen, nach ihm benannten Zeit.

In der Entstehung der christlichen Zeitrechnung spiegelt sich eine veränderte Haltung der Christen zu „dieser Welt". War diese ihnen anfangs fern, fremd und gleichgültig, so beginnt sie mit der dogmatischen Festigung des Christentums seit dem 4. Jahrhundert und mit der Entstehung einer christlichen Gesellschaft in Ost- und Westrom immer wichtiger zu werden. Das Christentum wird, bildlich gesprochen, schwerer, es sinkt tiefer in die Verhältnisse ein. Wie auf die Welt, so läßt es sich auch stärker auf die Zeit ein. Und so bewegt es sich bald nicht mehr ausschließlich in der überlieferten „Zeit der anderen" – es schafft sich seine eigene Zeit. Genauer: das in ihm von Anfang an vorhandene Zeitbewußtsein[19] löst sich von den herkömmlichen Mustern und entwickelt seine eigene Prägung: in einer neuen Zeitrechnung ebenso wie in der Neugestaltung des Jahres; in der Vergegenwärtigung der Heilsereignisse ebenso wie in den Festen der Martyrer und Heiligen.

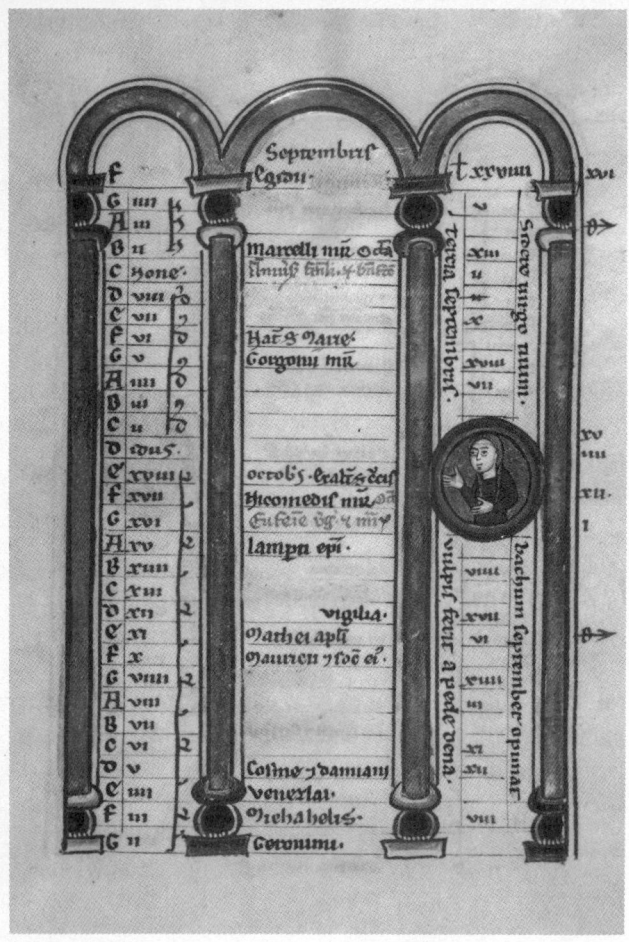

Kalendarium eines oberrheinischen Psalters, Anfang 13. Jahrhundert. Die Kalendertafeln enthalten neben den Sonntagsbuchstaben, Monatsdaten und Heiligennamen eine astronomisch-astrologische Spalte. Das Medaillon enthält das Tierkreiszeichen des Monats (Badische Landesbibliothek, Karlsruhe).

2. Anfänge
des christlichen Kalenders

Als das Christentum sich in der jüdischen, römischen und außerrömischen Welt ausbreitete, stieß es auf andere Zeit- und Zählsysteme. Sie waren, wie alle kalendarischen Ordnungen, aus natürlichen und historischen Elementen zusammengesetzt. Die zyklischen Zeitordnungen lehnten sich an die Bewegungen von Sonne und Mond an (Tag, Monat, Jahr) oder entstanden durch religiöse und soziale Vereinbarung (Woche). Daneben entwickelten sich *lineare* Zeitordnungen, die längere Abläufe (Ären, Perioden) umfaßten und aus denen im Lauf der Zeit die Vorstellung einer unumkehrbaren Geschehensfolge (Geschichte) erwuchs. Das Christentum drang in beide Zeitsysteme – die in den alten Kalendern eng verwoben waren – ein und veränderte sie; es nahm jedoch auch wichtige Elemente aus ihnen in die eigene Geschichte mit. So sind bis heute im christlichen Kalender natürliche und geschichtliche Ordnung ineinander verschränkt – und das Kirchenjahr bringt religiöse Gedenktage und Naturzeiten miteinander in Verbindung[20].

Der junge Trieb christlicher Zeitauffassung entfaltete sich zunächst am Spalier der jüdischen Jahresordnung.

Christen wie Juden gliederten die Monate nach dem auch in älteren vorderorientalischen Kulturen bezeugten Siebentagezyklus. *Ein* Tag in der Woche galt als Fest- und Ruhetag. Die jüdische Woche war nicht nur in judenchristlichen Gemeinden in Übung, sie fand auch Eingang in den heidenchristlichen Gemeinden Griechenlands und Kleinasiens. Von hier drang sie im Lauf der Zeit nach ganz Europa vor[21]. Es ist erstaunlich, daß gerade eine nicht-naturhafte, auf Konvention beruhende Zeitspanne, die Woche[22], ein so beständiges Element des abendländischen Kalenders darstellt – sie ist bis in die Neuzeit hinein nicht grundsätzlich angefochten worden. Erst die Französische und später die Russische Revolution experimentierten mit Dekadengliederungen des Monats – freilich ohne dauerhaften Erfolg, da die „Ruhe am siebten Tag" inzwischen zum Standard des Arbeitslebens in der zivilisierten Welt gehörte.

In der christlichen Woche jüdischer Herkunft lebte freilich auch heidnisches Traditionsgut weiter. Denn diese Woche war im 2. und 3. Jahrhundert durch die griechisch-römische Planetenwoche hindurchgegangen und hatte deren Tagesbezeichnungen übernommen[23]. Die Römer hatten die Tage der Woche nach den fünf mit freiem Auge sichtbaren Planeten (Saturn, Jupiter, Mars, Venus, Merkur) sowie nach Sonne und Mond benannt. Den sieben Tagen entsprachen sieben Gottheiten. (Später wurden in der germanischen Welt römische Götter zum Teil durch germanische ersetzt: Donar und Freya gaben dem Donnerstag und Freitag die Namen.) Auch die Monatsnamen des europäischen Kalenders sind von den Römern geprägt worden: Römische Bezeichnungen verdrängten die älteren babylonischen

und hebräischen Monatsnamen. In der Zeit der ersten
Cäsaren wurden der römischen Monatsreihe die letzten
bis heute gültigen Namen eingesetzt, Juli und August –
an Caesar und an Octavian Augustus erinnernd[24]. Und
endlich gab es seit der auf Julius Cäsar zurückgehenden
Kalenderreform (45 vor Christus) ein *Julianisches Jahr*,
das die Grundlage aller modernen Chronologien bildete, ein Sonnenjahr mit 365 1/4 Tagen (alle vier Jahre
ein Schalttag), in zwölf Monate gegliedert, mit einer sie-
bentägigen Woche und dem Jahresbeginn am 1. Januar.

Innerhalb der von der jüdischen Woche und vom
römischen Monat und Jahr geprägten Zeitverläufe
wurde der *Sonntag* zum neuen Zentrum des christlichen
Kalenders: der erste Tag nach dem Sabbat, anfangs (vor
allem in Jerusalem) noch mit diesem verbunden, später
verselbständigt und immer mehr in Konkurrenz zur
jüdischen Festordnung tretend[25]. Über seine Ursprünge
und sein Alter gibt es verschiedene Theorien[26]; so viel
scheint aber festzustehen, daß die Sonntagsfeier im
Ostergeschehen verankert war; jedenfalls nahmen die
Gemeinden auf die Erscheinungen Jesu am ersten Tag
nach dem Sabbat Bezug[27]. Die frühen Christen nannten
diese Versammlung mit Verkündigung und Eucharistie
Herrentag – ein Begriff, in dem das Gedenken an Tod,
Auferstehung und Wiederkunft Christi enthalten war[28].
Entscheidend war die regelmäßige Wiederholung dieses
Gedenktags – heutige Liturgiker sprechen vom „Wo-
chenpascha"[29] –, seine Einbeziehung in den Jahresrhyth-
mus, in die stetig wiederkehrenden Versammlungen der
jungen Christengemeinden. Der Tag der Verherrlichung
Jesu sollte regelmäßig begangen und immer wieder

vergegenwärtigt werden. Vergegenwärtigung war das Grundprinzip der älteren Liturgie – die Kirche feierte ja nicht ein historisches Ereignis, sondern der Auferstandene war in ihr ganz unhistorisch gegenwärtig, wenn sie sich in seinem Namen versammelte. Wie es der altchristliche, nach dem Zweiten Vatikanum erneuerte Gebetsruf ausdrückt: „Deinen Tod, o Herr, verkünden wir, und deine Auferstehung preisen wir, bis du kommst in Herrlichkeit."

Mit der konstantinischen Befreiung der Kirche veränderten sich die Akzente. Auf der einen Seite wurde der Sonntag nun als Fest- und Ruhetag offiziell im Kalender verankert (321) und verdrängte den römischen Saturntag und den jüdischen Sabbat vom Wochenanfang[30]; unter Christen entwickelte sich, von Provinzialsynoden ausgehend, allmählich eine Sonntagsmeßpflicht. Auf der anderen Seite rückte jetzt das *jährliche* Osterfest – in Ost und West unterschiedlich ausgestaltet und nicht selten zu verschiedenen Zeiten gefeiert – in den Vordergrund: Es erhielt seine zentrale Stellung im Kirchenjahr und zugleich eine Zuordnung zum Naturkalender. Das Konzil von Nikaia (325) traf bezüglich des Osterfestes zwei wichtige Entscheidungen: einmal bestätigte es den römischen Brauch, Ostern an einem Sonntag zu feiern; sodann legte es den Termin auf den ersten Sonntag nach dem Frühlingsvollmond fest[31]. Damit waren die Eckpunkte des kirchlichen Kalenders gegeben: die jüdische Woche – freilich mit dem Sonntag, nicht mehr dem Sabbat im Mittelpunkt; das auf dem Sonnenkalender beruhende römische Jahr – freilich noch jahrhundertelang mit verschiedenen Jahresanfängen; endlich – auf dem Umweg über das jüdische Pessach – der mondabhängige Ostertermin, von dem her dann andere bewegliche Feste des Kirchenjahres (Aschermittwoch, Palmsonntag, Christi Himmelfahrt, Pfingstsonntag) bestimmt wurden; hinzu kamen die „erinnernden" Heiligenfeste mit festen Terminen, die im Lauf der Zeit alle Regionen der Christenheit einbezogen und den ganzen Jahreskreis ausfüllten.

Erwartung, Gedenken, Vergegenwärtigung – in solchen Horizonten konstituierten sich Kirchenfest und Kirchenjahr. Von seinem Ursprung her war das Fest der Kirche ein „Fest ohne Ende" – Origenes sprach nur eine weitverbreitete Meinung aus, wenn er bemerkte, die Einsetzung einzelner Feiertage sei allein wegen der „Uneingeweihten" und „Anfangenden" geschehen, die noch nicht fähig seien, das „Ewige Fest" zu feiern[32]. In der liturgischen Feier öffnete sich die Kirche nicht nur zu den Mitmenschen hin – sie nahm auch teil an der himmlischen Liturgie: Gottes Herrlichkeit sollte sich widerspiegeln im menschlichen Antlitz. Das in der Eucharistie erneuerte Mahl Gottes mit den Menschen ließ gegenwärtig werden, was nicht vergangen war, was als *Heute* im *Hodie* der Weihnachtsvigil oder als *Tags zuvor* im *Qui pridie* des Gründonnerstags gemeint war[33]. Dabei wurden Natur und Geschichte miteinander verbunden, die historische Zeit an die natürliche Zeit herangeführt. Historischen Ereignissen sollte in der Erinnerung eine „der Naturzeit möglichst nahe Wiederkehr" gesichert werden[34]. Insofern verband der entstehende christliche Kalender lineare und zyklische Zeitordnung: einmalig waren Geburt, Tod, Auferstehung, Himmelfahrt Christi – zyklisch wiederkehrend war das Gedenken daran.

Gewiß war die Entstehung einer kalendarischen Ordnung der Feste und Festzeiten auch ein Stück Historisierung: das Pathos des „Großen Festes" verzeitigte sich; eine Fülle von Festen entstand, die den natürlichen Ablauf der Zeit gliederten; neben die Herrenfeste traten die Feste der Heiligen als Gedenken an die *mirabilia domini in servis*, die Wundertaten des Herrn an seinen Knechten. Aber dies alles war zugleich ein Stück Entfaltung der Kirche in der Zeit. Vor allem im Westen trat jetzt der Gedanke der Inkarnation in den Vordergrund: Wie Gott in der Menschwerdung in die Genossenschaft des Fleisches mit den Menschen gekommen war, so kam er auch in ihre *Zeit*-Genossenschaft; wie jede Eucharistiefeier die Erinnerung an Karfreitag, Ostern, Himmelfahrt wachhielt[35], so zeichneten die Herren- und Heiligenfeste im Kirchenjahr das heilige Geschehen in der Geschichte nach. Auch hier „sank die Kirche in die Zeit ein". Immer größere Zeiträume wurden der Reflexion zugänglich. Die Welt hörte auf, für den Christen nur ein zufällig-kontingentes Milieu der Tugendübung zu sein wie im älteren, endzeitlich geprägten Christentum: Sie wurde in die Heilsgeschichte einbezogen. Das Christentum begann Welt und Gesellschaft zu umfassen. Die „innerweltlich-heilsgeschichtliche Orientierung der abendländischen Kirche"[36] kündigte sich an. Hier war der Christ in einer neuen Weise zum Handeln aufgerufen, zur Bewährung seines Heilsvertrauens, zum „Wirken, solange es Tag ist" – und damit wurden Zeit und Stunde, Zahl und Rechnung für ihn wichtig und bedeutsam.

So war es mehr als ein historischer Zufall, daß im 6. Jahrhundert im Westen an die Stelle der alten Passions-

Christus Pantokrator (Bibel von Sankt-Kastor in Koblenz, Anfang 11. Jahrhundert).

und Auferstehungsära – die noch die Ostertafeln des
Victorius prägte – die *Inkarnationsära* trat. Künftig
nahm die Berechnung des Osterzyklus ihren Ausgang
vom Geburtsdatum Christi. Und so verfuhr auch die
neue *christliche Zeitrechnung*. Hand in Hand damit ging
eine Ausweitung der historisch überblickbaren Zeiten,
die sich seit langem vorbereitet hatte. Man kann sie
deutlich an der Arbeit der Komputisten erkennen:
Umfaßten die Berechnungen des Osterzyklus im 3. Jahrhundert zunächst Perioden von 84, 95 und 112 Jahren,
so wuchsen sie im 4. Jahrhundert auf 200, im 5. Jahrhundert auf 500 Jahre an[37], bis endlich der früh- und
hochmittelalterliche Computus, die mathematisch-
astronomische Oster- und Kirchenrechnung[38], noch
größere Zeiträume zu überblicken begann.

Indem die Kirche die Zuständigkeit für die „natürliche Zeit" und den Kalender übernahm, trat sie in die
Kompetenzen des sinkenden Römischen Reiches ein.
Auch für Kalenderreformen, wie sie im Lauf der
Jahrzehnte und Jahrhunderte notwendig wurden, hatte
sie einzustehen. Das brachte viele Probleme mit sich.
Einmal reichten die damaligen astronomischen und
mathematischen Kenntnisse nicht aus, um die ohnehin
spärlichen biblischen Zeitangaben über Geburt und
Leben Jesu hinreichend zu konkretisieren[39]; zum anderen zeigten sich bald die Schwierigkeiten der Koordina-
tion der verschiedenen durch die Gestirne gegebenen
Zeitordnungen[40]. Nicht nur der julianische Schalttag
alle vier Jahre war um etwa 11 Minuten pro Jahr
überzogen, was in 128 Jahren einen Tag ausmachte –
auch beim 19jährigen Mondzyklus erbrachte die Schal-
tung in 310 Jahren einen Tag zuviel. So wurde Ostern in

späteren Zeiten oft am falschen Sonntag gefeiert, abweichend von dem durch das Konzil von Nikaia bestimmten Naturtermin – ein Übelstand, der seit dem ausgehenden 13. Jahrhundert mit bloßem Auge festzustellen war[41] und der mannigfache Reformvorschläge auslöste[42]. Die Gregorianische Reform (1582) vollzog nach langem Anlauf eine bessere Anpassung an das tropische Jahr, indem sie die bereits auf den 11. März vorgerückte Frühlings-Tagundnachtgleiche auf den 21. März festsetzte: 10 Tage fielen aus; auf Donnerstag, den 4. Oktober 1582 folgte Freitag, der 15. Oktober 1582. Zugleich wurde die Schaltregel dadurch verbessert, daß in 400 Jahren 97 Schalttage vorgesehen wurden; in den durch 100 teilbaren Jahren wurden die Schalttage weggelassen – falls nicht die Hunderterzahl durch vier teilbar war. Auch die Methode zur Bestimmung des Ostersonntags wurde verbessert[43].

Gegen die „päpstliche" Kalenderreform gab es Widerstände – Europa war inzwischen konfessionell gespalten. Obwohl die Maßnahmen durch eine internationale Kommission vorbereitet worden waren und obwohl sie manchem Fachmann nicht weit genug gingen[44], setzte sich der reformierte Kalender nur langsam durch. Zuerst übernahmen ihn die katholischen Staaten, dann ab 1700 die protestantischen; erst 1918 die Sowjetunion, 1923 die Gebiete der griechischen Orthodoxie (diese jedoch ohne die neue Osterregel), 1927 die Türkei. Damit kehrte der christliche Kalender – nunmehr verändert und verbessert, aber immer noch auf der Grundlage des julianischen Jahres aufbauend – in die Gebiete seines altchristlichen Ursprungs zurück.

Doch der christliche Kalender prägte nicht nur die

Der Rheinländische Hausfreund, 1812, Umschlag. Ein Volkskalender von weiter Verbreitung, zu dessen Mitarbeitern seit 1802 Johann Peter Hebel gehört (Badische Landesbibliothek, Karlsruhe).

langen Zeiträume, die Jahre, Jahrzehnte und Jahrhunderte. Er wirkte vor allem nach innen auf das Zeitgefühl und Zeitbewußtsein der Menschen ein. Die in die Naturzeit hineingestellten, regelmäßig wiederkehrenden Sonn- und Feiertage, die auf große Feste hingespannte Zeit, der Rhythmus des Kirchenjahres – das alles sollte die Menschen schon im Alltag auf die Ewigkeit hinlenken. Tag, Woche und Jahr wurden zu Abkürzungen des Erlösungsweges der Menschheit – „repetitive Exerzitien zur Einführung in das Heilsgeschehen" (Peter Rück)[45]. Die Zeitmaße füllten sich mit spiritueller Bedeutung, ob es sich nun um die Wochentage handelte[46], um die Festkreise des Kirchenjahres oder um den Heiligenkalender. Und aus dem Kalender gingen – wie John Hennig, Arno Borst und Ludwig Rohner dargetan haben – erzählerische und poetische Traditionen hervor: angefangen von lateinischen Kalenderversen und altirischer Poesie[47] über die „Contes" des Mittelalters[48] bis zu den volkstümlichen Kalendern der Neuzeit und den Kalendergeschichten Grimmelshausens, Hebels, Brechts[49].

Schreib-Kalender auf das Jahr nach der Geburt Jesu Christi 1823

Nach Erschaffung der Welt	5772
Nach der allgemeinen Sündfluth	4026
Nach dem Anfang des Julianischen Calenders	1861
Nach Anordnung des Gregorianischen Calenders	242
Nach dem neuen verbesserten Calender	123
Nach dem Anfang Hochlöblicher Eidgenoßschaft	508

In dem verbesserten und neuen Kalender ist:

Die goldene Zahl XIX. Der Sonnen-Cirul XII. Die Epacten XVIII. Der Römer Zins-Zahl XI. Der Sonntags-Buchstaben E. Zwischen Weihnachten und der Herren-Faßnacht sind 6 Wochen 3 Tag.

In dem alten Julianischen Kalender ist:

Die goldene Zahl XIX. Der Sonnen-Cirul XII. Die Epacten XXIX. Der Römer Zins-Zahl XI. Der Sonntags-Buchstaben H. Zwischen Weihnachten und der Herren-Faßnacht sind 9 Wochen 5 Tag.

Ist ein gemeines Jahr von 365 Tagen.

Erklärung der Zeichen in diesem Kalender.

Der Neumond		Vorsichgehend			Witterung.	
Erst Viertel		Hintersichgehend		Warm		Regen
Der Vollmond		Gut Augen Arzneyen		Donner		Kalt
Leztes Viertel		Gut Purgiren		Wind		Schnee
Monds Aufsteigen		Akern, misten		Die sieben Planeten.		
Monds Absteigen		Holz fällen		Saturnus		Jupiter
Zeit Vormittag	v.	Die zwölf himmlischen		Mars		Sonn
Zeit Nachmittag	n.	Zeichen.		Venus		Mercurius
Gerad am Mittag	o.	Widder		Mond		
Gut Aderlassen		Stier		Die Aspecten.		
Mittelmäßig Aderl.		Zwilling		Zusammenkunst		
Gut schröpfen, baden		Krebs		Gegenschein		
Pflanzen, säen		Löw		Gedritter Schein		
Arzneyen insgemein		Jungfrau		Gevierter Schein		
Gut Zillen einnehmen		Waag		Sechster Schein		
Gut Haar abschneid.		Scorpion		Drachen-Haupt		
Gut Nägel abschneid.		Schüz		Drachen-Schwanz		
Gut Kinder entwöhn.		Steinbok		Minuten	m.	
Erdnahe		Wassermann		Fast-Tag		
Erdfernung		Fisch				

Schaffhausen, zu haben in der Hurterischen Buchdruckerey zum Jordan.

Schreib-Kalender auf das Jahr nach der Geburt Jesu Christi 1823 (aus: Kalender-Bilder, Schweizerisches Museum für Volkskunde Basel, Ausstellung 1978/79, S. 17).

3. Zeit nach Christus –
Zeit vor Christus

Victorius von Aquitanien und Dionysius Exiguus hatten zum ersten Mal die Jahre „nach Christus" gezählt, der eine von der Passion, der andere von der Geburt an. Beides war geschehen im Rahmen der Aufstellung von Ostertafeln – jener langfristigen Berechnung der Ostertermine also, mit der man Streitigkeiten zwischen östlichen und westlichen Kirchen über das richtige Osterdatum entschärfen wollte[50]. Dionysius entwickelte im Jahr 525 einen neuen 532jährigen Zyklus, der aus einer Kombination des 28jährigen Sonnenjahres mit dem 19jährigen Mondjahr bestand. Wie weit er sich bei der Bestimmung des Geburtsjahrs Jesu verrechnete, kann hier auf sich beruhen[51]; entscheidend war das Prinzip der Zählung nach Christus, die sogenannte Inkarnationsära, die von seinen Berechnungen ihren Ausgang nahm. Im Unterschied zu Victorius wußte er die neue Rechnung auch theologisch zu begründen. Die Menschwerdung Christi rückte in den Mittelpunkt und verdrängte die Erinnerung an die römischen Kaiser. So verschwanden mit dem neuen Osterzyklus die *Anni Diocletiani*, nach denen noch Kyrill von Alexandrien in seinen Ostertafeln gerechnet hatte; an ihre Stelle traten die *Anni Domini Jesu Christi* – die Jahre des Herrn[52].

Damit war die neue Zeitrechnung in der Welt – aber sie setzte sich in der Praxis nur sehr allmählich durch. Die alten Zählgewohnheiten dauerten noch lange fort. Erst Beda Venerabilis (674-735) griff zweihundert Jahre später die neue Zählweise in seiner Geschichtsschreibung wieder auf; diesmal mit stärkerer Wirkung. Seine *Kirchengeschichte des englischen Volkes*, die alsbald zum Vorbild mittelalterlicher Historiker wurde, rechnete mit dem *Annus ab Incarnatione*, also mit der Zählung des Dionysius von Christi Geburt an[53]. Wieder finden wir einen engen Zusammenhang mit dem Martyrologium: wie kein anderer vor ihm bemühte sich Beda um eine historische Chronologie der Martyrer. Arno Borst hat den Beitrag des englischen Gelehrten zum entstehenden Heiligenkalender gewürdigt: „Das Martyrologium Bedas setzte 114 kritisch gesichtete Heiligennamen in den Ablauf des Kirchenjahrs, als Wegweiser zum jenseitigen Ziel hin, so wie die geprüften Daten der Chronik den Weg vom Ursprung ins Diesseits markierten. Seitdem begann das Mittelalter seine Werktage zu Namenstagen von Heiligen zu machen ... Beda führte Zeitrechnung, Liturgie und Geschichtsschreibung zusammen, diese ist nicht ohne jene zu begreifen. Computus, Martyrolog und Chronik bildeten fortan drei gleich mächtige Hauptsäulen jener Gelehrsamkeit, die in benediktinischen Klöstern gedieh. Sie brachte die Ewigkeit in die Gegenwart ein."[54]

In den folgenden Jahrhunderten drängte die christliche Zeitrechnung allmählich die anderen Zeitrechnungen zurück[55]. Der Prozeß vollzog sich langsam. Vielfach

zählte man noch nach Regierungsjahren: so die Lango-
barden und Franken nach den Jahren ihrer Könige, die
Päpste (seit 781) nach den Pontifikatsjahren; auch die
zyklischen Indiktionen (15jährige Steuerzyklen) behaup-
teten sich lange. Für die Tageszählung galt noch immer
der römische Kalender. „Die eigentliche Durchsetzungs-
phase der christianisierten Zeit ist erst das Hochmittelal-
ter von 1000 bis 1300 ... Die allgemeine Verbreitung ist
nicht vor dem 12. Jahrhundert erreicht."[56] Von da an
freilich wagte man die von Dionysius Exiguus vorge-
nommene Datierung nach Christi Geburt – trotz nie
ganz verstummender rechnerischer Bedenken – nicht
mehr ernstlich in Frage zu stellen: ein Beweis dafür, daß
das Prinzip der Inkarnationsära sich endgültig durchgesetzt hatte.

Das ganze Mittelalter hindurch und bis weit in die
Neuzeit hinein blieb freilich der größere Horizont einer
biblischen, Altes und Neues Testament umfassenden
Zeit- und Geschichtsbetrachtung bestehen. Hier hatte
man den Weltlauf in seiner ganzen Ausdehnung von der
Schöpfung bis zum Gericht im Auge; hier waren
jüdische und christliche Vorstellungen über den Anfang
der Zeit noch lange eins; hier war der Ort für die
alttestamentarischen Weltalterlehren und ebenso für
christliche Spekulationen über die Herrschaft des Anti-
christ, das Millennium, das bevorstehende Weltende.
Hier versuchte man auch Klarheit zu gewinnen über den
realen Beginn der Welt, über das kalendarische Datum
der Schöpfung. Aber diese Welterschaffungs- und Weltalterlehren entfalteten sich ohne die rechnerische
Präzision, welche die Suche nach dem richtigen Oster-
min im Bereich der christlichen Zeitrechnung ausgelöst

hatte; die Künste der Computisten kamen ihnen nicht oder nur in eingeschränktem Maß zugute. So wurden sie zum Tummelplatz kühner und unkontrollierter Spekulationen – mit dem Ergebnis, daß die Datierungen der biblischen Weltära immer mehr auseinandergingen: bald differierten die Jahre der Erschaffung der Welt nicht nur zwischen Juden und Christen, sondern auch zwischen den Christen selbst[57]. Während der *Beginn* der Welt in immer größeres Dunkel rückte und sich allmählich allen genaueren Bestimmungen entzog, wurde das *Ende* der Welt zum bevorzugten Thema von Schwärmern und Millenaristen[58]. Gegenüber dieser doppelten Unsicherheit war die *Geburt Christi* ein verläßliches und berechenbares Datum; in ihr, so schien es, konnte der Zeitlauf seine natürliche Mitte, seinen Anker finden.

So entwickelte sich bereits im Mittelalter vom Fixpunkt der Geburt Christi aus eine Zählung *nach rückwärts* – die sogenannte *retrospektive Inkarnationsära*. Ihre wechselvolle Geschichte ist durch die Forschungen von Anna-Dorothee von den Brincken in wesentlichen Punkten erhellt worden[59]. Wiederum war Beda Venerabilis der erste, der in seiner *Kirchengeschichte* ein Ereignis auf diese neue Weise datierte: Cäsar, so schreibt er, kam nach England im Jahre 60 vor Christus, *ante vero Incarnationis Dominicae tempus anno sexagesimo*[60] – es ist die erste Rückwärtsdatierung der Weltgeschichte[61]. Beda verwendete diese Zählung fast spielerisch (er behielt daneben das alteingeführte *ab urbe condita* bei); er hat sie auch nicht weiter systematisiert, zumal da er in seinem Spätwerk keine vorchristlichen Zeiträume zu behandeln hatte. Seine komputistischen

Bedenken gegenüber der biblizistischen, aber auch der inkarnatorischen Zeitrechnung sind bekannt[62]. Immerhin gab er der Inkarnationsära in seiner *Kirchengeschichte* den Vorzug vor der biblizistischen Ära, die er noch in seinen *Chroniken* verwendet hatte – und aus der Rückwärtszählung, obwohl sie nur einem einzigen Ereignis gilt, wird man mit aller Vorsicht schließen können, daß ihm der Vorteil der Rechnung von einer „Mitte" her durchaus bewußt war.

Bedas Vorgehen wurde in diesem Punkt nicht unmittelbar aufgenommen. Zwar tauchten bei Marianus Scottus (1028-1082) an acht Stellen Jahre *ante incarnationem iuxta Dionysium* auf[63]; aber sowohl er wie die folgenden Historiker gaben sich im allgemeinen mit kleineren Zeiträumen zufrieden: Annalen und Viten traten an die Stelle umfassender Chroniken[64]; die „lange Zeit" der Computisten blieb für Jahrhunderte die Ausnahme[65].

Erst in der zweiten Hälfte des 13. Jahrhunderts tauchten mit den Weltchroniken und historischen Summen der Mendikanten die alten Probleme wieder auf. Jetzt versuchten die Chronisten aus den Daten von Kaisern (Königen) und Päpsten ein chronologisches Gerüst der Weltgeschichte aufzubauen: Ausgangspunkt war das Nebeneinander von Christus, Herodes und Augustus im Lukasevangelium. So das *Speculum Historiale* des Vincenz von Beauvais, so die *Papst-Kaiser-Chronik* Martins von Troppau, so die erstmals von Anna-Dorothee von den Brincken unter dem Gesichtspunkt der Zeitrechnung gewürdigten *Flores Temporum* (um 1292)[66]. Das chronikalische Prinzip war einfach: es schloß vom Bekannten auf Unbekanntes, es bezog eine

Fülle von Exempla, von Heiligen und Wundern in die historische Chronologie ein; es ersparte sich Spekulationen über den Anfang und das Ende der Geschichte. Aber indem die Chronologie bis zum ersten Papst (als solcher galt Christus!) und bis zum ersten Kaiser (Augustus) zurückgriff, kam die Inkarnation von neuem in den Blick der Historiker. Während Vincenz von Beauvais und Martin von Troppau mit ihren Werken im Bereich nachchristlicher Zeit blieben, griff der anonyme schwäbische Autor der *Flores Temporum* „mit Angst und Bangen und unter Zweifeln", wie er schrieb, auf die *vor*christliche Zeit zurück. Und dabei verwendete er – erstmals seit Beda nach unserem Kenntnisstand – die retrospektive Zeitrechnung, die Zählung der Jahre *vor Christus* – durchaus in systematischer Absicht und mit dem Bewußtsein, eine *media via* zwischen biblizistischer Unsicherheit und annalistischer Kurzatmigkeit gefunden zu haben. Seine Darstellung griff in hohe Zahlen aus: Ganze Weltalter wurden jetzt in die neue Retrospektive einbezogen; so fiel der Anfang der Welt auf *ante Jesum 5200 minus I*, der Beginn des dritten Weltalters auf das Jahr 3184 usw. Kaum nötig zu erwähnen, daß der schwäbische Minorit auch die nachchristliche Zeit streng nach der Inkarnationsära gliederte, wobei ihm die korrekte Datierung des Heiligenkalenders besonders am Herzen lag[67]. Wir stoßen hier erneut auf den schon bekannten Zusammenhang von Martyrologium, Zeitrechnung und Weltalterlehre[68].

Die retrospektive Inkarnationsära wurde erst mit der Zeit des Buchdrucks populär. Stilbildend wirkte der Kölner Kartäuser Werner Rolevinck mit seinem *Fasciculus Temporum* (1474). Sein „Zeitbündel" reichte von der

Erschaffung der Welt bis zur Gegenwart. Neben der Schöpfungschronologie verwendete Rolevinck auch die Zählung *ante vel post Christi Nativitatem*. Die Begründung, die er gab, enthielt ein theologisches und ein praktisches Argument: Die Inkarnationsära war ehrwürdiger, und sie konnte rascher aufgefunden werden[69]. So standen in seiner Schrift *aetas Mundi* und *aetas Christi* nebeneinander; doch die Waage begann sich nun deutlich zugunsten der „Zeit Christi" zu neigen[70].

In der Neuzeit verschärften sich die Divergenzen zwischen den verschiedenen Berechnungsarten der biblizistischen Weltära. Hatten sich schon im frühen Christentum jüdische und christliche Schöpfungsdaten getrennt[71], hatten im Mittelalter die unterschiedlichen Zählungen nach der Septuaginta und nach der Vulgata für weitere Verwirrung gesorgt[72], so gab es nun eine solche Fülle sich widersprechender Datierungen des Weltanfangs, daß die biblizistische Zeitrechnung angesichts wachsender Präzisionsansprüche in den neueren Jahrhunderten allmählich allen Kredit verlor. Der Versuch, auch nur den Hauptrichtungen dieser Zeitrechnung gerecht zu werden, mußte zu umständlichen synchronischen Datierungen, langen Zahlenkolonnen, erklärenden Kommentaren und verwirrender Unsicherheit führen. Dennoch hielt sich die biblizistische Zeitrechnung recht lange, am längsten im reformatorischen Deutschland[73]: Ihr Prestige ruhte nicht nur auf der alten jüdisch-christlichen Gemeinsamkeit des Schöpfungsanfangs, sondern auch auf der lange vorherrschenden Überzeugung, das jüdische Volk sei das älteste der Welt und seine Geschichte führe auf direktem Weg zum Beginn der Weltgeschichte zurück. Doch diese Meinung

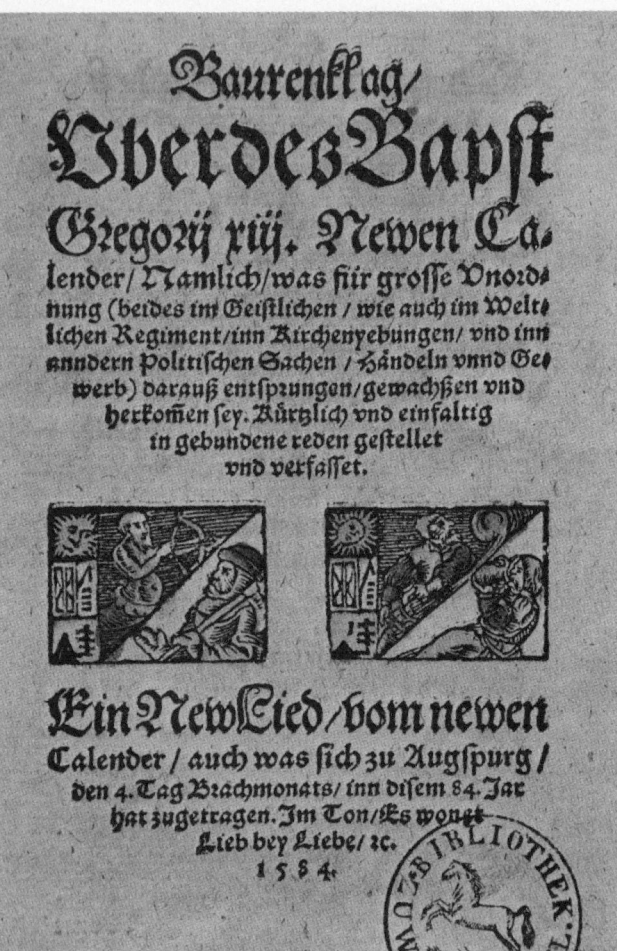

Baurenklag Uber deß Gregorij XIII. Newen Calender (Herzog-August-Bibliothek Wolfenbüttel).

wurde seit dem Zeitalter der Entdeckungen immer mehr erschüttert: die Fülle neu erschlossener alter Kulturen führte in bisher nicht geahnte historische Tiefen hinein und ließ eine breite präadamitische Spekulation erstehen[74].

Aus diesem Dilemma konnte man auf drei Wegen herauskommen: indem man das Material aller Chroniken in eine neue, mit Mitteln der Philologie und der Astronomie konstruierte systematische Ordnung brachte, wie dies Joseph Justus Scaliger (1540-1609) in seinen beiden Hauptwerken *De emendatione temporum* (1583) und *Thesaurus temporum* (1606) unternahm, zwar ohne unmittelbaren Erfolg, jedoch mit großer Langzeitwirkung[75]; indem man einen anderen, außerhalb der christlichen Welt liegenden Beginn der historischen Zeit wählte (wie es später Voltaire mit China erwog)[76]; oder indem man die gregorianisch verbesserte christliche *Aera vulgaris*[77] in all ihren rechnerischen Unzulänglichkeiten bestehen ließ und das unlösbare Problem des Schöpfungsanfangs dadurch umging, daß man Christi Geburt in die Mitte rückte und von da nach vorwärts und nach rückwärts zählte. Eben dies letzte geschah; die retrospektive wie die prospektive Inkarnationsära setzten sich seit dem 17. Jahrhundert überall in Europa endgültig durch. Dabei mag der Umstand mitgespielt haben, daß diese Zählweise auch der protestantischen Geschichtsschreibung akzeptabler erscheinen mußte als ein Zeitgerüst aus Regierungszeiten der Päpste; und ähnlich konnten Völker, die nicht zum Heiligen Römischen Reich gehörten, ihre Könige und Fürsten leichter in einer Zeit *nach Christus* unterbringen als in einer Folge kaiserlicher Regierungsjahre.

Jedenfalls: die katholischen wie die protestantischen Länder Europas wandten sich nun allmählich von der biblizistischen Weltära ab. Seit der Mitte des 16. Jahrhunderts häufen sich die Belege. So zählte der Melanchthon-Schüler Johann Aurifaber 1550 in seiner *Chronica* ... *deudsch* neben dem „jar der welt" auch das „jar vor Christi geburt" (während Luther noch durchgehend *a condito mundo* gerechnet und die Inkarnationsära nur für die Zeit *nach Christus* verwendet hatte); ähnlich die Chronologen Abraham Bucholzer und Georg Nicolai[78]. Zu Beginn des 17. Jahrhunderts traten Sethus Calvisius, Johannes Kepler und die Jesuiten Dionysius Petavius und Giovanni Battista Riccioli für die neue Datierungsweise ein[79]. Die alte Zählung war einfach zu unübersichtlich geworden: um drei Jahrtausende gingen die einzelnen Rechnungen auseinander, bemerkte Riccioli; und ein halbes Jahrhundert später führte A. de Vignolles in seiner *Chronologie de l'Histoire Sainte* gar zweihundert verschiedene Datierungsweisen der Schöpfungsära an[80]! So kam auch ein so strenger Hüter der Tradition wie Bossuet nicht umhin, neben den biblizistischen Datierungen zusätzlich die Zählung *vor Christus* für seine Universalgeschichte zu verwenden[81]. In der zweiten Hälfte des 18. Jahrhunderts vollends wurden um die alte Schöpfungsära nur noch Nachhutgefechte geführt[82].

Es gehört zur Ironie der Geschichte, daß sich jene Zeitrechnung, die Christus in die Mitte der Zeit rückte, just in der Zeit der Aufklärung endgültig durchsetzte – in einer Zeit also, die sich in vielen Bereichen von christlichen Überlieferungen loszulösen begann. Doch den praktischen Vorteil der chronologischen Rechnung von einem Fixpunkt aus konnten auch Kritiker des Christentums und der Gregorianischen Ära nicht leugnen. Und der neue Pluralismus der Kulturen setzte den christlichen Zeitrahmen keineswegs außer Kurs, er bestätigte ihn eher: Auf welche andere Achse der Geschichte hätte man sich denn ohne Schwierigkeiten einigen können? So kam in den Jahren vor der Französischen Revolution ein über 1200jähriger Prozeß zum vorläufigen Abschluß, der 525 mit dem Osterzyklus des Dionysius Exiguus und der ersten Zählung nach Christi Geburt begonnen hatte.

Der Revolutionskalender deutsch, Faksimiledruck nach dem in der Zentralbibliothek der deutschen Klassik in Weimar befindlichen Original, Weimar 1989.

4. Gegenzeitrechnungen und Gegenkalender

So definitiv der Sieg der christlichen Zeitrechnung zu sein schien, so wenig blieb er ohne Widerspruch. Das galt schon für das späte 18. Jahrhundert. Während sich die Zählung vor und nach Christus in Europa und im Westen durchsetzte und in den folgenden Jahrhunderten sogar die außerchristlichen Kulturen eroberte[83], kam es in der Französischen Revolution zum ersten geschlossenen Gegenentwurf: dem *republikanischen Kalender*. Mit geringerer Wirkung experimentierten im 19. Jahrhundert Philanthropen, Positivisten, Anhänger Comtes und Nietzsches mit neuen Kalendern und neuen Zeitrechnungen[84] – das blieb im allgemeinen auf kleine Sektiererkreise beschränkt und interessierte nur wenige. Erst das 20. Jahrhundert wartete dann wieder mit größeren Experimenten, mit Gegenzeitrechnungen und Gegenkalendern auf – im bolschewistischen Rußland, im faschistischen Italien und im nationalsozialistischen Deutschland.

Meinte der Begriff der Revolution ursprünglich den gesetzmäßigen Umlauf der Gestirne[85], so hoben die modernen Revolutionen gerade auf das Neue, Nie-Dagewesene, Präzedenzlose ab. Durch politische Taten sollte eine „neue Zeit" erstehen; das Absolute sollte offenbar werden im geschichtlichen Prozeß. Neugründungen verlangten nach einer neuen Zeitrechnung. Hier ging die geschichtliche Zäsur zwischen der Amerikanischen und der Französischen Revolution mitten hindurch. Zwar hatten auch die Väter der Unabhängigkeitserklärung die Heraufkunft einer neuen Zeit gefeiert – Gedenkmünzen beschworen mit Vergils verheißungsvollen Worten den *novus ordo saeclorum*. Aber das war eine humanistische Reminiszenz; niemand dachte daran, daraus Folgerungen für Zeitmessung und Zeitrechnung zu ziehen. Anders die Französische Revolution: in römischem Gewand in die Geschichte eingetreten[86] und mit römischer Herrschaftssymbolik ausgestattet[87], nahm sie die Zählung *ab urbe condita* als wörtliche Verpflichtung. Kein Wunder also, daß schon früh Forderungen nach einem neuen Kalender auftauchten und daß im Verlauf der Revolution die Frage nach der „Herrschaft über die Zeit" ganz grundsätzlich aufgeworfen wurde.

Die Auflehnung gegen den inzwischen 200 Jahre alten Gregorianischen Kalender kam aus verschiedenen Quellen. Da war einmal die nie ganz verstummte Kritik von Astronomen und Mathematikern, denen die Reformen des Papstes entweder zu weit oder nicht weit genug gegangen waren – brachte doch jede Kalenderreform die Schwierigkeit mit sich, daß man erhöhte Präzision durch vergrößerte Unordnung erkaufte[88]. Hinzu kam die aufklärerische Lust am glatt und gleichmäßig Teilbaren, an der Ästhetik des Dezimalsystems – sie richtete sich gegen die „irregulären", weil verschieden langen *Monate*, vor allem aber gegen die *Woche*, der man vorwarf, daß sie weder den Monat noch das Jahr genau teilte. Endlich störten das von Jahr zu Jahr neu zu datierende Osterfest und die von ihm abhängigen beweglichen Feste der Kirche – war es nicht möglich, dafür ein für allemal fixe Termine zu bestimmen?

Freilich, solche Erwägungen hätten kaum hingereicht, um die Abkehr von der christlichen Zeitrechnung und die Einführung einer ganz neuen Zeitzählung zu rechtfertigen. Also mußte anderes hinzukommen: der im Lauf der Revolution sich vertiefende Bruch mit der Vergangenheit, mit Königtum, Kirche, christlicher Überlieferung; das Bewußtsein eines epochalen Einschnitts, einer Zeitgrenze, über die keine Brücke, kein chronologischer Notsteg hinüberführte; und endlich, aus beidem erwachsend, die Flucht nach vorn – in eine neue, selbstgeschaffene Zeitrechnung, die „Jahre der französischen Republik". So wurde der Revolutionskalender zur grundsätzlichen Auseinandersetzung mit der christlichen Vergangenheit auf vielen Ebenen: von der Bestimmung des Jahres bis zur Einteilung des Tages, von der Gliederung der Arbeitszeit bis zum Rhythmus der Feste und Feiern – ein Unternehmen, das mit unerbittlicher Logik Zug um Zug voranschritt[89].

Schon vor 1789 hatte Silvain Maréchal in seinem *Almanach des Honnêtes-Gens* (1787) die Monate nicht mehr in Wochen, sondern in Dekaden gegliedert und die christlichen Heiligenfeste durch Gedenktage an berühmte Männer ersetzt[90]. Das war der Vorschlag eines Außenseiters, doch nahm er schon das Modell für künftige Kalenderänderungen vorweg. Anfangs dominierten in der Diskussion die Forderungen technischer Rationalität: wie im Bereich der Längenmaße und Gewichte, so sollte auch im Bereich der Zeitrechnung und -messung das Dezimalsystem eingeführt werden; auf diese Weise sollte zur „Herrschaft über den Raum" die „Herrschaft über die Zeit" hinzukommen[91]. Doch bald zeigte sich, daß mit Rationalisierungen und Vereinfachungen solcher Art noch keine „neue Zeit" zu gewinnen war, zumal da das bisherige System so tiefgreifenden Veränderungen Widerstand entgegensetzte: Das Jahr hatte nun einmal zwölf, nicht zehn Monate, und die Uhr mit zehn Stunden setzte sich in der Praxis nicht durch[92]. So ging man entschlossen an die Destruktion der alten Zeitrechnung und nahm zugleich das liturgische Jahr, die Heiligenfeste, die Siebentagewoche mit dem Sonntag ins Visier: Die alte Zeit sollte verschwinden, eine neue aus dem Überschwang des revolutionären Festes geboren werden[93]; die überlieferten Monatsnamen sollten abgeschafft und durch neue ersetzt werden; an die Stelle des Sonntags sollte der *Decadi* treten.

Beim neuen Zeitbeginn und seiner Bezeichnung schwankte man einige Jahre hin und her. Mit dem Jahresbeginn 1792 wich die Legislative erstmals von der christlichen Zeitrechnung ab und datierte mit dem „dritten Jahr der Freiheit". Im August desselben Jahres ging man zum „vierten Jahr der Freiheit und ersten Jahr der Gleichheit" über, und nach der Abschaffung der Monarchie datierte man – erstmals am 22. September 1792 – nach „Jahren der französischen Republik"[94]. Die neue Zeitrechnung wurde durch Dekret des Konvents vom 5. Oktober 1793 (ergänzt am 24. Oktober desselben Jahres) in Kraft gesetzt. Vom 22. September 1792 an galt das *Jahr Eins der Republik*.

Neue Zeitrechnung und neuer Kalender wurden –

ebenso wie die Feste der Republik – im Erziehungsausschuß des Konvents vorbereitet[95]. Über die Motive der
Beteiligten gaben die Reden der Berichterstatter vor dem
Plenum Auskunft. Gilbert Romme, Mathematiker, Ra-
tionalist, Kirchengegner, rechnete in seinem Bericht mit
der überlieferten Zeitrechnung ab: sie sei entstanden bei
einem unwissenden und leichtgläubigen Volk, inmitten
von Unruhen, die dem Sturz des Römischen Reiches
vorausgingen; sie habe achtzehn Jahrhunderte lang den
Fortschritt des Fanatismus gesichert, die Erniedrigung
der Völker, den skandalösen Triumph von Hochmut,
Laster und Dummheit verursacht. Könne man denn auf
denselben Tafeln, mit demselben Stichel die Verbrechen
der Könige und den Abscheu darüber, die Betrügereien
von Priestern und die Schande, die sie nun verfolge,
eintragen? „Nein: die alte Zeitrechnung war die Ära der
Grausamkeit, der Lüge, der Perfidie und des Sklavengei-
stes; sie ist mit dem Königtum, dieser Quelle aller
unserer Übel, zu Ende gegangen." Nun hat die Revolution die Seelen der Franzosen aufs neue gestählt, sie
geformt im Geist republikanischer Tugend. „Die Zeit
schlägt ein neues Buch in der Geschichte auf; und in
ihren neuen, majestätischen, einfach-gleichmäßigen Ablauf gilt es mit kraftvollem Meißel die Annalen des
wiedergeborenen Frankreich einzutragen."[96]

Es ist bemerkenswert und verdient hervorgehoben zu
werden, daß man selbst im Pathos des neuen Anfangs
nicht versäumte, das historische Ereignis der Gründung
der Republik an der Naturzeit zu legitimieren. Hier bot
die Nähe des Gründungsdatums zur herbstlichen Tagundnachtgleiche des Jahres 1792 der glaubensfreudigen
Zeit das willkommene Stichwort an. „So hat die Sonne

gleichzeitig die beiden Pole und nach und nach die ganze
Erde am selben Tag erleuchtet, an dem zum ersten Mal
über dem französischen Volk die Fackel der Freiheit
erglänzte – jene Fackel, die eines Tages das ganze
menschliche Geschlecht erleuchten wird."[97]

Die Naturkomponente verstärkte sich noch im neuen
Kalender, der die revolutionäre Ära ergänzen und
vervollständigen sollte. Über den Entwurf berichtete der
Dichter Fabre d'Eglantine am 24. Oktober 1793 dem
Konvent. Auch er ließ keinen Zweifel daran, daß er den
überlieferten christlichen Kalender für Narretei und
Priesterbetrug hielt. Aber im Unterschied zu Romme
betonte er die Macht der Gewohnheit und die Kraft
bildlicher Vorstellungen. Er warnte davor, das neue
Werk nur mit Exaktheits- und Symmetrievorstellungen
anzugehen; das sei nicht genug. „Wir erfassen etwas
allein durch Bilder: Noch in der abstraktesten Analyse,
in der höchsten metaphysischen Bewegung des Geistes
gibt unser Verstand sich Rechenschaft durch Bilder,
unser Gedächtnis stützt sich allein auf Bilder, es ruht in
ihnen. Von dieser Einsicht müssen Sie bei Ihrem neuen
Kalender Gebrauch machen, wenn Sie erreichen wollen,
daß die Methode dieses Kalenders und sein gesamter
Inhalt mit Leichtigkeit in die Köpfe des Volkes eingeht
und sich rasch ins Gedächtnis eingräbt."[98]

So führte der revolutionäre Gegenentwurf gegen die
christliche Zeitrechnung und den christlichen Kalender
im Ergebnis zwei gegensätzliche Tendenzen zusammen.
Auf der einen Seite, aus aufklärerischer Wurzel, die
Rationalisierung und Mathematisierung aller Lebensver-
hältnisse, wie sie in der durchgehenden Dezimalisierung
der Zeitmaße, in der Egalisierung der Monate[99] und im

Erster Monat
VENDÉMIAIRE

oder **Herbstmonat**, hat seinen Namen von dem lateinischen
Wort Vindemia welches der Herbst oder die Weinlese bedeutet.

🌑 Neumond den 24. Herbstm.   🌙 Erstes Viert. den 2. Weinm.

🌣 Vollmond den 9. Weinm.   🌜 Letztes Viert. den 15. Weinm.

Erste Décade					
	1 Primedi	Traube.		22	Montag
	2 Duodi	Safran.		23	Dienstag
	3 Tridi	Kastanien.		24	Mittwoch
	4 Quartidi	Faul-Judex.		25	Donnerst.
	5 Quintidi	Pferd.		26	Freytag
	6 Sextidi	Balsamine.		27	Samstag
	7 Septidi	Gelbe Rübe.		28	Sonntag
	8 Octidi	Tausendschön.		29	Montag
	9 Nonidi	Pastinak.		30	Dienstag
	10 DÉCADI	Butte.		1	Mittwoch
	11 Primedi	Erdäpfel.		2	Donnerst.
	12 Duodi	Reinblum.		3	Freytag
	13 Tridi	Pfebe.		4	Samstag
	14 Quartidi	Reseda.		5	Sonntag
	15 Quintidi	Esel.		6	Montag
	16 Sextidi	Schweizerhosen.		7	Dienstag
	17 Septidi	Kürbis.		8	Mittwoch
	18 Octidi	Heidekorn.		9	Donnerst.
	19 Nonidi	Lakmuspflanze.		10	Freytag
	20 DÉCADI	Crotte.		11	Samstag
	21 Primedi	Hanf.		12	Sonntag
	22 Duodi	Pfersich.		13	Montag
	23 Tridi	Rübe.		14	Dienstag
	24 Quartidi	Narcislilie.		15	Mittwoch
	25 Quintidi	Ochs.		16	Donnerst.
	26 Sextidi	Cverpflanze.		17	Freytag
	27 Septidi	Gänsfuß.		18	Samstag
	28 Octidi	Liebesapfel.		19	Sonntag
	29 Nonidi	Gerste.		20	Montag
	30 DÉCADI	Faß.		21	Dienstag

Herbstmonat 1794. · *Weinmonat 1*

Zweyte Décade · *Dritte Décade*

*Der Revolutionskalender deutsch, Faksimiledruck nach dem in
der Zentralbibliothek der deutschen Klassik in Weimar befindlichen Original, Weimar 1989.*

Wegfall von Woche und Sonntag zum Ausdruck kam –
eine Tendenz, die sich, wenn auch abgeschwächt, bis
heute gehalten hat und die noch den (spärlicher
gewordenen) heutigen Vorschlägen zur Reform des
Gregorianischen Kalenders, aber auch vielen Überlegun-
gen zur gleitenden Arbeitswoche zugrunde liegt[100]. Auf
der anderen Seite, aus romantischem Zeitgefühl, das
Bedürfnis nach „naturnahen" Tages- und Monatsnamen, die das rationalistische Gerüst der „neuen Zeit"
gemütvoll umkleiden sollten: so wurde das Jahr zu
einem poetischen Reigen der Natur (Vendémiaire,
Brumaire, Frimaire usw.); die eben noch in dürrer
Manier nur abgezählten Tage (Primedi, Duodi, Tridi
usw.) erhielten Namen von Pflanzen, Tieren, Minera-
lien; den Decadis wurden ländliche Ackergeräte
zugeordnet, und vollends sollte an den am Ende des
Jahres übriggebliebenen Tagen, den „Sansculotiden",
die Tugend, der Geist, die Arbeit, die Meinung und die
Anerkennung gefeiert werden: Was sich nicht in die
rationale Einteilung des Jahres fügte, wurde zum
Fest[101].

Gemeinsam war beiden Tendenzen, daß sie gegen die
Siebentagewoche und den christlichen Sonntag standen:
Romme hat dies seinem Konventskollegen Grégoire
gegenüber auch ganz ungeschminkt als Ziel der Reform
herausgestellt[102]. Freilich gelang es auf die Dauer nicht,
den Sonntag durch den Decadi zu ersetzen. Selbst auf
dem Höhepunkt der Dechristianisierungswelle galt der
republikanische Kalender in Frankreich nicht unum-
stritten – schon gar nicht in ländlichen Regionen[103].
Entscheidend waren wohl neben der Anhänglichkeit an
die Tradition auch soziale Gründe: Mit den alten Festen

und dem Sonntag zog der Staat ein nicht unerhebliches Stück Freizeit ein; er kündigte den jahrhundertealten Konsens über die Ruhe am siebten Tag auf und erweiterte die Arbeitszeit abrupt von sechs Tagen auf neun[104]. Es bedarf noch genauerer Untersuchung, welche Motive schließlich zum Zusammenbruch der revolutionären Zeitrechnung geführt haben[105]. Aber sicher war es nicht nur nachrevolutionäre Erschöpfung, auch nicht allein der Wille Napoleons zum Friedensschluß mit der Kirche, die hier den Ausschlag gaben. Gab es doch neben der religiösen auch immer astronomische und mathematische Kritik am republikanischen Kalender – und selbst ehemalige Anhänger (wenigstens zeit- und teilweise) wie Lalande und Laplace gaben schon 1801/02 die Sache verloren[106], ehe Frankreich 1805 den revolutionären Kalender abschaffte und zur christlichen Zeitrechnung zurückkehrte.

Gemessen an der dogmato-logischen Geschlossenheit der revolutionären Zeitrechnung und des republikanischen Kalenders wirken die Nachspiele im 19. und im 20. Jahrhundert wie ein Abgesang. Comtes *Calendrier positiviste* lehnte sich an die revolutionäre Festgestaltung an, indem er Monate und Tage nach großen Männern (auch einzelnen großen Frauen) benannte; doch sparte er die Heiligen nicht völlig aus. Sein Jahr bestand aus 13 Monaten zu 28 Tagen; auf die endgültige Festlegung einer neuen Ära verzichtete er ganz[107]. Nietzsches *Ecce homo* erhob den Anspruch, mit dem 30. September 1888 der „falschen Zeitrechnung" den „ersten Tag des Jahres Eins" neu zu beginnen[108]; und Kreise seiner Jünger entwickelten später eine paradoxe Übung, die Jahre nach dem Tod Gottes zu zählen. Doch das waren Experimente ohne größere soziale Wirkung; die breite Öffentlichkeit erreichten sie kaum.

Selbst die totalitären Regime des 20. Jahrhunderts haben die herkömmliche Zeitrechnung und Kalenderordnung nicht mehr dauerhaft in Frage stellen können. Lenins Versuch, die Arbeitstage auf Kosten der Feste auszudehnen, stieß schon in der Revolution auf Widerstand: Die Petersburger Arbeiter sahen hier einen sozialpolitischen Besitzstand gefährdet[109]. Spätere Experimente der Sowjetunion mit einer gleitenden Fünf-Tage-Arbeitswoche ohne Samstag und Sonntag waren nicht von Dauer. Im Zweiten Weltkrieg kehrte Stalin zur traditionellen Woche und zum Sonntag zurück[110]. Mussolinis *faschistische Ära*, vom 28. Oktober 1922 an gerechnet, dem Tag des Marsches auf Rom, war von Anfang an eine Zweitzählung, die *neben* das normale Datum trat; sie wurde im übrigen nicht sonderlich ernst genommen[111]. Was das millenarische „Dritte Reich" anging, so beschränkte es sich darauf, die Spuren der christlichen Zeitrechnung zu verwischen („nach der Zeitwende"), Kalenderzensur zu üben und in Entwürfen für die Zukunft von einem „germanischen Kalender" und einer neuen Zeitrechnung zu träumen[112]; geblieben ist davon so gut wie nichts.

Und so leben wir noch heute in der Ära, die Dionysius Exiguus im Jahr 525 begründet hat.

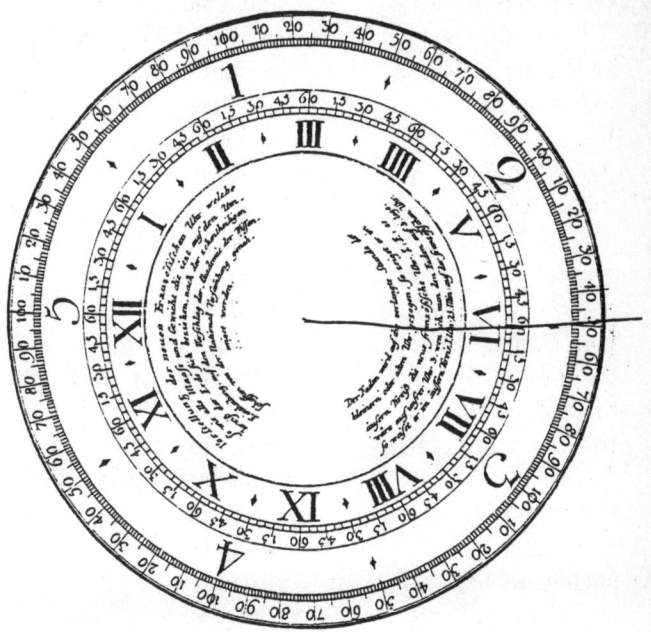

Der Revolutionskalender deutsch, Faksimiledruck nach dem in der Zentralbibliothek der deutschen Klassik in Weimar befindlichen Original, Weimar 1989.

QUELLEN ZUR CHRISTLICHEN ZEITRECHNUNG

Zodiakus, Grant Kalendrier des Bergers, Troyes (Stadtarchiv).

1. Martyrerakten

a) Polykarp

*G*eboren Ende des 1. Jahrhunderts, gestorben zwischen 155 und 169 als Bischof von Smyrna. Über das Leben des Polykarp wissen wir nur wenig. Er war Apostelschüler, wahrscheinlich aus dem Kreis um Johannes, und hatte Kontakt zu Ignatius von Antiochien. Zeugnisse für das Leben des Polykarp geben neben Eusebius von Cäsarea (HE IV 14,3-8; V 20,4-8; 24,16f.) und Irenäus von Lyon (Adv. haer. III 3,4) nur der Brief Polykarps an die Philipper und das „Martyrium Polykarps". Dieser Brief der Gemeinde von Smyrna an die zu Philomelion in Phrygien ist eines der ältesten christlichen Martyrerzeugnisse. Die ursprüngliche Fassung wurde von einem Markion sofort nach dem Tode Polykarps verfaßt[1].

Der gewählte Ausschnitt enthält eine doppelte Zeitangabe, die charakteristisch für alle hier abgedruckten Martyrerakten ist: Der exakten Profan-Datierung (nach dem römischen oder dem makedonischen Kalender) folgt der Hinweis auf die ewige Herrschaft Christi. Bei Beda Venerabilis, dem großen Historiographen und Komputi-

sten des frühen Mittelalters, finden wir die theologische Begründung für die Doppeldatierung. Er schreibt über ein von ihm selbst verfaßtes Martyrologium: „Ein Martyrologium mit den Geburtstagen der heiligen Martyrer, in dem ich mich bemühte, von allen, die ich finden konnte, sorgfältig zu verzeichnen, an welchem Tag, auf welche Weise, unter welchem Richter sie die Welt besiegten."[2] Der so zu verstehenden Einordnung des Martyriums in den Bereich eines weltlichen Herrschers folgt bei Polykarp der Hinweis auf die (Königs-)Herrschaft Christi „in Äonen" (eis tous aionas). Die Ewigkeit Gottes ist seit der Menschwerdung Christi aber so sehr mit der Zeitlichkeit der Welt verbunden, daß es gedanklich nur noch ein kleiner Schritt ist, bis auch die Zeit des gegenwärtigen Äons auf Christus hingeordnet wird.

XXI. Μαρτυρεῖ δὲ ὁ μακάριος Πολύκαρπος μηνὸς Ξανθικοῦ δευτέρᾳ ἱσταμένου, πρὸ ἑπτὰ καλανδῶν Μαρτίων, σαββάτῳ μεγάλῳ, ὥρᾳ ὀγδόῃ. συνελήφθη δὲ ὑπὸ Ἡρώδου ἐπὶ ἀρχιερέως Φιλίππου Τραλλιανοῦ, ἀνθυπατεύοντος Στατίου Κοδράτου, βασιλεύοντος δὲ εἰς τοὺς αἰῶνας τοῦ κυρίου ἡμῶν Ἰησοῦ Χριστοῦ· ᾧ ἡ δόξα, τιμή, μεγαλωσύνη, θρόνος αἰώνιος ἀπὸ γενεᾶς εἰς γενεάν. ἀμήν.[3]

„21. Der selige Poykarp erlitt den Martertod am Zweiten des Monats Xanthikus, am 23. Februar, an einem großen Sabbat, um die achte Stunde. Er wurde ergriffen von Herodes unter dem Oberpriester Philippus von Tralles, unter dem Prokonsulat des Statius Quadratus, unter der ewig währenden Herrschaft unseres Herrn Jesus Christus. Ihm sei Ruhm, Ehre, Herrlichkeit und ewiger Thron von Geschlecht zu Geschlecht. Amen."[4]

b) Cyprian

Geboren 200/210, gestorben 258; Cyprian wurde bald nach seiner Bekehrung, die um das Jahr 246 zu datieren ist, Bischof von Karthago (248/49). Während der Decianischen Verfolgung (250) hielt sich Cyprian versteckt, blieb aber in schriftlichem Kontakt mit seiner Gemeinde. Seit dem Jahr 255 stand Cyprian in einer Auseinandersetzung mit Papst Stephan wegen der Ketzertaufe. Er beharrte hierbei auf dem Standpunkt der kleinasiatischen Bischöfe, die Taufe durch einen Ketzer nicht anzuerkennen. In der Valerianischen Verfolgung wurde er zunächst nach Curubis im prokonsularischen Afrika verbannt (257), dann aber in Karthago verurteilt und hingerichtet (14. 9. 258). Die Geschichte seiner Bekehrung ist teilweise aus der Schrift „Ad Donatum" zu rekonstruieren, die wichtigsten Daten seiner Bischofszeit kann man den Briefen entnehmen.

Die prokonsularischen Akten des Cyprian gelten allgemein als echt und geben – im Gegensatz zur Vita Cypriani – recht zuverlässig Auskunft über Verbannung, Prozeß und Tod des Bischofs von Karthago.

„I. Imperatore Valeriano quartum et Gallieno tertium consulibus tertio kalendarum Septembrium Carthagine in secretario Paternus proconsul Cypriano episcopo dixit: Sacratissimi imperatores Valerianus et Gallienus litteras ad me dare dignati sunt, quibus praeceperunt eos, qui Romanam religionem non colunt, debere Romanas caeremonias recognoscere."[5]

„VI. Passus est autem beatissimus Cyprianus martyr die

octaua decima kalendarum Octobrium sub Valeriano et Gallieno imperatoribus, regnante uero domino Iesu Christo, cui est honor et gloria in saecula saeculorum. Amen."[6]

„1. In dem Jahre, als Kaiser Valerianus zum vierten Male und Gallienus zum dritten Male Konsul waren, am 30. August, sagte zu Karthago im Verhörlokal der Prokonsul Paternus zum Bischof Cyprian: Die geheiligten Kaiser Valerianus und Gallienus haben gnädigst ein Schreiben an mich gerichtet des Inhaltes, daß diejenigen, welche die römische Religion nicht üben, doch die römischen Gebräuche anerkennen sollen."[7]

„6. Es litt aber der seligste Martyrer Cyprian am 14. September unter den Kaisern Valerianus und Gallienus und unter der Herrschaft unseres Herrn Jesu Christi; ihm sei Ehre und Ruhm in alle Ewigkeit. Amen."[8]

c) Apollonius

Gestorben ca. 185 in Rom unter dem Präfekten des Prätoriums Perennius (183-185); Eusebius von Caesarea nennt Apollonius einen Gelehrten, Hieronymus meint, er sei ein römischer Senator gewesen. Nachricht über das Leben des Apollonius geben sonst nur die hier zitierten Akten. Eusebius lagen noch die Gerichtsakten und eine Verteidigungsrede des Apollonius getrennt vor[9]. Eine Zusammenfassung der beiden ursprünglichen Berichte in Dialogform – die im letzten Jahrhundert wiederentdeckt wurde – ist in griechischer (entdeckt 1895 von den Bollandisten) und armenischer Fassung (entdeckt 1893 von Conybeare) überliefert („Akten des Apollonius").

Durch den direkten Anschluß an die Profan-Datierungen weist die Schlußformel „... unter der Königsherrschaft unseres Herrn Jesus Christus ..." in den Apolloniusakten die größte Nähe zu einer eigenständigen christlichen Zeitrechnung auf, wie sie in der Folgezeit Gestalt annimmt.

Μαρτύριον τοῦ ἁγίου καὶ πανευφήμου ἀποστόλου Ἀπολλώ, τοῦ καὶ Σακκέα.

Ἐπὶ Κομόδου βασιλέως γεναμένου διωγμοῦ κατὰ τῶν Χριστιανῶν, Περέννιός τις ἦν ἀνθύπατος τῆς Ἀσίας. Ἀπολλὼς δὲ ὁ ἀπόστολος, ἀνὴρ ὢν εὐλαβής, Ἀλεξανδρεὺς τῷ γένει, φοβούμενος τὸν κύριον, συλληφθεὶς προσήχθη.[10]

Ἐμαρτύρησεν ὁ τρισμακαριώτατος Ἀπολλώς, ὁ
καὶ Σακκέας, πρὸ ἔνδεκα καλανδῶν Μαΐου κατὰ
Ῥωμαίους, κατὰ δὲ Ἀσιανοὺς μηνὸς ὀγδόου ⟨κα'⟩,
κατὰ δὲ ἡμᾶς βασιλεύοντος τοῦ κυρίου ἡμῶν Ἰησοῦ
Χριστοῦ, ᾧ ἡ δόξα εἰς τοὺς αἰῶνας.[11]

„Martyrium des heiligen und hochgerühmten Apostels
Apollonius, des Asketen. Gib Deinen Segen, Herr!

Als unter Kaiser Kommodus sich eine Verfolgung
gegen die Christen erhoben hatte, war ein gewisser
Perennius Prokonsul von Asien. Der Apostel Apollonius
aber, ein frommer und gottesfürchtiger Mann, Alexan-
driner von Geburt, wurde ergriffen und vorgeführt."[12]

„Es litt aber der dreimal selige Apollonius der Asket nach
römischer Berechnung am 11. vor den Kalenden des
Mai, nach asiatischer aber im achten Monat, nach
unserer Zeitrechnung unter der Herrschaft Jesu Christi,
dem Ehre sei in alle Ewigkeit!"[13]

d) Pionius

Gestorben 250 in Smyrna; nach dem Bericht der Akten handelt es sich um einen gebildeten, weitgereisten Mann, der als Priester in Smyrna sehr beliebt war. Das Martyrium des Pionius und seiner Gefährten fällt in die Decianische Verfolgung und nicht, wie Eusebius[14] meint, in die Zeit Marc Aurels.

Der vorliegende Martyriumsbericht ist in seiner Substanz sicher echt, wenn auch einzelne Teile – besonders die Reden – interpoliert zu sein scheinen.

II. Μηνὸς ἕκτου δευτέρᾳ ἐνισταμένου σαββάτου μεγάλου, ἐν τῇ γενεθλίῳ ἡμέρᾳ τοῦ μακαρίου μάρτυρος Πολυκάρπου, ὄντος τοῦ διωγμοῦ τοῦ κατὰ Δέκιον, συνελήφθησαν Πιόνιος πρεσβύτερος καὶ Σαβῖνα ὁμολογήτρια καὶ Ἀσκληπιάδης καὶ Μακεδόνια καὶ Λίμνος πρεσβύτερος τῆς καθολικῆς ἐκκλησίας. 2. ὁ οὖν Πιόνιος πρὸ μιᾶς ἡμέρας τῶν Πολυκάρπου γενεθλίων εἶδεν ὅτι δεῖ ταύτῃ τῇ ἡμέρᾳ αὐτοὺς συλληφθῆναι. 3. ὢν οὖν μετὰ τῆς Σαβίνης καὶ τοῦ Ἀσκληπιάδου ἐν νηστείᾳ, ὡς εἶδεν ὅτι αὔριον δεῖ αὐτοὺς συλληφθῆναι, λαβὼν κλωστὰς ἁλύσεις τρεῖς περιέθηκε περὶ τὸν τράχηλον ἑαυτοῦ τε καὶ Σαβίνης καὶ Ἀσκληπιάδου, καὶ ἐξεδέχοντο ἐν τῷ οἴκῳ. 4. τοῦτο δὲ ἐποίησεν ὑπὲρ τοῦ ἀπαγομένων αὐτῶν μηδὲ ὑπονοῆσαί τινας ὅτι ὡς οἱ λοιποὶ ὑπάγουσι μιαροφαγῆσαι, ἀλλ᾽ ἵνα εἰδῶσι πάντες ὅτι κεκρίκασιν εἰς φυλακὴν εὐθέως ἀπαχθῆναι.[15]

XXIII. Ταῦτα ἐπράχθη ἐπὶ ἀνθυπάτου τῆς Ἀσίας

Ἰουλίου Πρόκλου Κυντιλλιανοῦ, ὑπατευόντων αὐ-
τοκράτορος Γ. Μεσίου Κύντου Τραιανοῦ Δεκίου Σε-
βαστοῦ τὸ δεύτερον καὶ Οὐεττίου Γρατοῦ, πρὸ
τεσσάρων εἰδῶν Μαρτίων κατὰ Ῥωμαίους, κατὰ δὲ
Ἀσιανοὺς μηνὸς ἕκτου ἐννεακαιδεκάτῃ, ἡμέρᾳ σαββάτῳ, ὥρᾳ δεκάτῃ, κατὰ δὲ ἡμᾶς βασιλεύοντος τοῦ
κυρίου ἡμῶν Ἰησοῦ Χριστοῦ, ᾧ ἡ δόξα εἰς τοὺς αἰῶνας τῶν αἰώνων. ἀμήν.[16]

„2. Am zweiten Tage also des sechsten Monates, am 11.
März, einem großen Sabbate in der Verfolgung des
Decius, hat die Gewalt der Verfolgung den Priester
Pionius, die Sabina, den Asklepiades, die Makedonia und
den Lemnus, einen Priester der katholischen Kirche, als
sie den Geburtstag des Märtyrers Polykarp feierten,
erfaßt. Doch hat Pionius, den Gott ganz in seinem
frommen Glauben zeigte, die ihm bevorstehenden
zukünftigen Leiden, weil er sie nicht fürchtete, vorher-
gesehen. Am Tage nämlich vor dem Feste des Märtyrers
Polykarp, als er mit Sabina und Asklepiades dem Fasten
oblag, sah er im Traume, daß er am folgenden Tage
ergriffen werden solle. Da er dies nun offen und
unzweideutig erkannte und ihm die Erscheinung so klar
vorkam, hat er seinen, der Sabina und des Asklepiades
Hals mit einem Strick umwunden, damit die, welche
kamen, um sie zu fesseln, wenn sie sie gefesselt sähen,
wüßten, daß sie nichts Unerwartetes antun könnten
und erkännten, daß sie nicht wie die übrigen, welche die
Opfer kosteten, zu führen seien, da sie sich schon selbst,
bevor es ihnen befohlen wurde, die Fesseln angelegt
hatten als ein Zeugnis ihres Glaubens und als ein
Anzeichen ihres guten Willens.“[17]

„23. Dieses ist geschehen, als Julius Quintilianus Prokonsul von Asien war, unter dem Konsulate des Kaisers Gajus Messius Quintus Trajanus Decius zum zweiten Male und des Vettius Gratus, nach dem römischen Kalender am 11. März, nach asiatischer Zählung am 19. des sechsten Monats, an einem Sabbate, um die zehnte Stunde. Es ist aber so geschehen, wie wir es beschrieben haben, unter der Herrschaft unseres Herrn Jesu Christi, dem Ehre und Ruhm sei in alle Ewigkeit. Amen."[18]

2. Victorius von Aquitanien

Victorius lebte in der Mitte des 5. Jahrhunderts. Im Jahr 457 verfaßte er im Auftrag des Archidiakons und späteren Papstes Hilarius einen 532jährigen Osterzyklus. Die Tafel, deren Beginn im folgenden abgedruckt ist, enthält neben einer – völlig verdorbenen – Konsulliste, dem Wochentag und Mondalter des 1. Januar, dem Ostertag und seinem Mondalter auch eine Jahreszählung nach der Passion Christi (Spalte 1). Wir haben die Tabelle um eine Spalte mit unserer Jahreszählung ergänzt (Spalte 2).

Im Gegensatz zu Dionysius Exiguus gibt Victorius uns keine theologischen Gründe für seine an Christus orientierte Jahreszählung an. Mit Krusch[19] muß man wohl davon ausgehen, daß bei Victorius theologische Motive keine Rolle spielten und seine Datierung nur das Ende einer organischen Entwicklung darstellt: Ostertafeln beginnen mit dem Jahr des Leidens und der Auferstehung Christi. Bereits Tiro Prosper hatte die Konsulliste seiner Ostertafel mit den Worten begonnen: „Adnotatio consulum a passione domini nostri Iesu Christi". Hat man erst einmal diesen Fixpunkt, so liegt es nahe, vom Passionsjahr ausgehend, eine chronologische

*Zeitrechnung zu beginnen, zumal da die Unzuverlässig-
keit der Konsullisten – Krusch spricht von einem
„Tiefstand der Konsullisten-Literatur"[20] – auch Victorius
bekannt gewesen sein muß.*

Tabelle 1: Auszug aus der Ostertafel des Victorius von
Aquitanien[21]

J. Vic.	J. Chr.	Cons.	kal. ian.	Lun. I. Ian.	Pascha	Luna
I	28	duobus Geminis cssb.	d.V.F.	XVIIII	V.kal.aprl.	XVIII
II	29	Vicinio et Longino	d.sabbato	XXX	XV.kal.mai.	XVII
III	30	Sulpicio et Sylla	d.Dominica	XI	V.id.aprl.	XX
IIII	31	Prisco et Vitellio	d.II.F.	XXII	VIII.kal.apr.	XVI
V	32	Gallo et Noniano	d.III.F.	III	id.aprl.	XVIIII
VI	33	Gallieno et Plautiano	d.V.F.	XIIII	nonas.aprl.	XVIIII
VII	34	Proculo et Nigrino	d.VI.F.	XXV	V.kal.aprl.	XXII
VIII	35	Iuliano et Asprenate	d.sabbato	VI	IIII.id.aprl.	XVI
VIIII	36	Publicola et Nerva	d.Dominica	XVII	kal.aprl.	XVII
X	37	Caesare et Iuliano	d.III.F.	XXVIII	XI.kal.mai.	XVIIII
XI	38	Caesare II et Saturnino	d.IIII.F.	VIIII	VIII.id.aprl.	XV
XII	39	Saturnino II et Venusto	d.V.F.	XX	IIII.kal.aprl.	XVIII
XIII	40	Tiberio et Gallo	d.VI.F.	I	XV.kal.mai.	XVIII
XIIII	41	Crispino et Tauro	d.Dom.	XII	V.id.aprl.	XXI
XV	42	Vicinio et Cornelio	d.II.F.	XXIII	VIII.kal.aprl.	XVII
XVI	43	Asiatico et Silano	d.IIII.F.	IIII	IIII.kal.mai.	XVIII
XVII	44	Tiberio II et Vitellio	d.IIII.F.	XVI	non.aprl.	XXI
XVIII	45	Vitellio et Publicola	d.VI.F.	XXVII	XIIII.kal.mai.	XV
XVIIII	46	Varano et Gallo	d.sab.	VIIII	III.id.aprl.	XVIII
XX	47	Vetere et Nerviliano	d.Dom.	XVIIII	IIII.non.aprl.	XXI
XXI	48	Claudio et Orfito	d.II.F.	XXX	XI.kal.mai.	XVIIII
XXII	49	Silvano et Silvio	d.IIII.F.	XI	VIII.id.aprl.	XVII
XXIII	50	Tiberio III et Antonino	d.V.F.	XXII	IIII.kal.aprl.	XX
XXIIII	51	Silano et Othone	VI.F.	III	XIIII.kal.mai.	XXI
XXV	52	Silano II et Antonino II	d.Sab.	XIIII	IIII.non.aprl.	XVI
XXVI	53	Marcellino et Aviola	d.II.F.	XXV	VIII.kal.aprl.	XVIIII
XXVII	54	Nerone et Vetere	d.III.F.	VI	XVIII.kal.mai.	XX
XXVIII	55	Nerone II et Pisone	d.IV.F.	XVII	III.kal.aprl.	XVI
XXVIIII	56	Nerone III et Messala	d.V.F.	XXVIII	XIIII.kal.mai.	XVII
XXX	57	Nerone IV et Cornelio	d.Sab.	VIIII	IIII.id.aprl.	XVIIII
XXXI	58	Pio et Corpiliano	d.dominico	XX	VII.kal.aprl.	XV
XXXII	59	Macrino et Gallo	d.II.F.	I	XVII.kal.mai.	XVI

J. Vic.	J. Chr.	Cons.	kal. ian.	Lun. I. Ian.	Pascha	Luna
XXXIII	60	Crasso et Basso	d.III.F.	XII	VIII.id.aprl.	XVIII
XXXIIII	61	Silvano et Paulino	d.V.F.	XXIII	IIII.kal.aprl.	XXI
XXXV	62	Celsino et Apoleo	d.VI.F.	IIII	III.id.aprl.	XV
XXXVI	63	Capitone et Rufo	d.Sabbato	XVI	III.non.aprl.	XVIII
XXXVII	64	Italico et Turpiliano	d.Dom.	XXVII	X.kal.mai.	XVIII
XXXVIII	65	Silvano et Othone	d.III.F.	VIII	XII.id.aprl.	XV
XXXVIIII	66	Vespasiano et Tito	d.IIII.F.	XVIIII	III.kal.aprl.	XVIII
XL	67	Vespasiano II et Tito II	d.V.F.	XXX	XIII.kal.mai.	XVIIII
XLI	68	Vespasiano III et Nerva	d.VI.F.	XI	IIII.id.aprl.	XXI
XLII	69	Vespasiano IV et Tito III	d.Dominico	XXII	VII.kal.aprl.	XVII
XLIII	70	Vespasiano V et Tito IV	d.II.F.	III	XVII.kal.mai.	XVIII
XLIIII	71	Vespasiano VI et Tito V	d.III.F.	XIIII	VII.id.aprl.	XXI
XLV	72	Vespasiano VII et Tito VI	d.IV.F.	XXV	XI.kal.aprl.	XVI
XLVI	73	Commodo et Rufo	d.VI.F.	VI	III.id.aprl.	XVII
XLVII	74	Vespasiano VIII et Tito VII	d.Sab.	XVII	III.non.aprl.	XX
XLVIII	75	Vespasiano VIIII et Tito VIII	d.Dom.	XXVIII	VIIII.kal.mai.	XXI
XLVIIII	76	Silvano et Vero	d.II.F.	VIIII	VII.id.aprl.	
XVIL	77	Domitiano et Messalino	d.IV.F.	XX	III.kal.aprl.	XVIIII
LI	78	Domitiano II et Rufo II	d.V.F.	I	XIII.kal.mai.	XX
LII	79	Domitiano III et Sabino	d.VI.F.	XII	II.non.aprl.	XVI
LIII	80	Domitiano IV et Rufo III	d.Sab.	XXIII	VII.kal.aprl.	XVIII
LIIII	81	Domitiano V et Dolabella	d.II.F.	IIII	XVII.kal.mai.	XVIIII
LV	82	Domitiano VI et Rufo IV	d.III.F.	XVI	II.kal.aprl.	XVI
LVI	83	Flavio et Traiano	d.IV.F.	XXVII	XII.kal.mai.	XVII
LVII	84	Domitiano VII et Nerva	d.V.F.	VIII	III.id.aprl.	XVIIII
LVIII	85	Traiano II et Gabrione	d.Sab.	XVIIII	VI.kal.aprl.	XV
LVIIII	86	Domitiano VIII et Saturnino	d.Dom.	XXX	XVI.kal.mai.	XVI
LX	87	Silvano et Prisco	d.II.F.	XI	VI.id.aprl.	XVIIII
LXI	88	Asprinate et Clemente	d.III.F.	XXII	III.kal.aprl.	XXI
LXII	89	Domitiano VIIII et Clemente	d.V.F.	III	II.id.aprl.	XV
LXIII	90	Nerva II et Rufo	d.VI.F.	XIIII	II.non.aprl.	XVIII
LXIIII	91	Flavio et Vitere	d.Sab.	XXV	VI.kal.aprl.	XXI
LXV	92	Sabino et Antonino	d.Dom.	VI	XVII.kal.mai.	XXI
LXVI	93	Nerva III et Traiano III	d.III.F.	XVII	II.kal.aprl.	XVII
LXVII	94	Senecione et Palma	d.IV.F.	XXVIII	XII.kal.mai.	XVIII
LXVIII	95	Traiano IV et Frontone	d.V.F.	VIIII	II.id.aprl.	XXI
LXVIIII	96	Traiano V et Orphito	d.VI.F.	XX	VI.kal.aprl.	XVII
LXX	97	Senecione II et Sura	d.Dom.	I	XVI.kal.mai.	XVII
LXXI	98	Traiano VI et Maximo	d.II.F.	XII	VI.id.aprl.	XX
LXXII	99	Senecione III et Sura II	d.III.F.	XXIII	VIIII.kal.aprl.	XVI
LXIII	100	Urbano et Marcello	d.IV.F.	IV	II.id.aprl.	XVI

3. Simon (Šemʿōn) bar Sabbāʿē

Nach der ältesten Handschrift (Codex Vaticanus Syrus 160) ist die Niederschrift des Martyriums des Simon bar Sabbae in die Zeit vor 474 zu datieren, das Martyrium selbst in das Jahr 344.

Die Besonderheit des Simon-Martyriums ist die Datierung nach der Passion Christi „post crucifixionem". Interessant ist die Frage nach dem Verhältnis zu Victorius von Aquitanien. Kannte der Verfasser des Simon-Martyriums die Ostertafeln des Victorius? Bedenkt man, daß zum einen die Abfassung spätestens 474 erfolgte, zum anderen die Ostertafeln des Victorius weit verbreitet waren[22], so ist eine Abhängigkeit des Simon-Martyriums von Victorius durchaus vorstellbar, aber nur schwer nachweisbar. Da eine umgekehrte Beeinflussung wohl auszuschließen ist, bleibt als dritter Weg also nur die Annahme, daß es sich um eine Parallelentwicklung handelt. Hierfür spricht vor allem die unterschiedliche Ausdrucksweise „Passion-Leiden" bei Victorius und „Kreuzigung" im Simon-Martyrium.

„Anno sexcentesimo quinquagesimo quinto regni Alexandri, qui est annus ducentimus nonagesimus sextus post crucifixionem Domini, qui est annus centesimus decimus septimus regni Persarum, qui est annus trigesimus primus Saporis filii Hormizdae, mortuo B. Constantino rege Romanorum et inventa sibi a Sapore occasione belli adversus filios eius movendi, erant enim parvuli, continuo ascendebat cum exercitu in terram Romanorum et ob hanc causam semet magis adhuc ad odium servorum Dei excitabat, qui in loco ditionis eius [habitabant] et volebat et machinabatur occasionem quaerere fideles persequendi ansasque configebat duplici tributo subigere omnes Christianos in ditione Persarum degentes."[23]

„Im Jahre 655 seit der Regierung Alexanders, dem Jahre 296 seit der Kreuzigung, dem Jahre 117 der Herrschaft der Perser und dem Jahre 31 der Regierung König Schapurs, Sohnes des Hormizd, nachdem der selige Constantin, König der Römer, gestorben war, fand Schapur Gelegenheit, seine Söhne ihrer Tugend halber anzugreifen und beständig räuberische Einfälle in das römische Gebiet zu machen. Deshalb entbrannte er besonders in Haß gegen die Diener Gottes in seinem Reiche und ging daran, einen Grund zur Verfolgung der Gläubigen zu suchen. Er ersann eine List, die Christen in Persien durch doppelte Steuer zu drücken."[24]

4. Dionysius Exiguus

Geboren um 470 in Skythien, gestorben ca. 550 in Rom; Papst Johannes I. beauftragte ihn im Jahre 525 mit der Erstellung einer neuen Ostertafel für die Zeit ab 532, da diejenige des Bischofs Cyrill nur bis zum Jahr 531 reichte und Victorius für das Jahr 526 einen umstrittenen Termin notiert hatte. In einem beigefügten „libellus" gibt Dionysius die Erklärung für die neue Zeitrechnung:

„Quia vero sanctus Cyrillus primum cyclum ab anno Diocletiani CLIII coepit et ultimum in CCXLVII terminavit, [...] noluimus circulis nostris memoriam impii et persecutoris innectere, sed magis elegimus ab incarnatione domini nostri Iesu Christi annorum tempora praenotare; quatinus exordium spei nostrae notius nobis existeret et causa reparationis humanae, id est, passio redemptoris nostri, evidentius eluceret."[25]

„Da der erste Zyklus des heiligen Cyrill im Jahre 153 nach Diokletian beginnt und im Jahre 247 endet, [...] wollten wir unseren Zyklus nicht mit der Erinnerung an diesen Gottlosen und Christenverfolger verbinden, sondern haben es vorgezogen, zu Beginn die Zeit nach

Jahren seit der Geburt unseres Herrn Jesus Christus zu notieren, damit der Anfang unserer Hoffnung uns vertrauter werde und die Ursache der Wiederherstellung der Menschheit, nämlich das Leiden unseres Erlösers, klarer hervortrete."[26]

Tabelle 2: Auszug aus der Ostertafel des Dionysius Exiguus[27]

ANNI DO-MINI NOSTRI IESV CHRISTI.	QVAE SINT INDI-CTIO-NES	EPA-CTAE I.E. ADIE-CTIO-NES LVNA-RES	CON-CUR-REN-TES DIES	QUO-TUS SIT LVNAE CIR-CULUS	QUATO SIT LVNA XIIII PAS-CHALIS	DIES DOMI-NICAE FE-STIVITATIS	LVNA IPSIUS DIEI DOMI-NICI
DXXXII	X	NVLLA	IIII	XVII	NON. APR.	III ID. APR.	XX
DXXXIII	XI	XI	V	XVIII	VIII KAL. APR.	VI KAL. APR.	XVI
DXXXIIII	XII	XXII	VI	XVIIII	ID. APR.	XVI KAL. MAI.	XVII
DXXXV	XIII	III	VII	I	IIII NON. APR.	VI ID. APR.	XX
DXXXVI	XIIII	XIIII	II	II	XI KAL. APR.	X. KAL. APR.	XV
DXXXVII	XV	XXV	III	III	IV ID. APR.	II ID. APR.	XVI
DXXXVIII	I	VI	IIII	IIII	III KAL. APR.	II NON. APR.	XVIIII
DXXXVIIII	II	XVII	V	V	XIV KAL. MAI.	VIII KAL. MAI.	XX OGD.
DXXXX	III	XXVIII	VII	VI	VII ID. APR.	I ID. APR.	XV
DXXXXI	IIII	VIIII	I	VII	VI KAL. APR.	II KAL. APR.	XVIII
DXXXXII	V	XX	II	VIII	XVII KAL. MAI.	XII KAL. MAI.	XVIIII
DXXXXIII	VI	I	III	VIIII	II NON. APR.	NON. APR.	XV
DXXXXIIII	VII	XII	V	X	VIIII KAL. APR.	VI KAL. APR.	XVII
DXXXXV	VIII	XXIII	VI	XI	II ID. APR.	XVI KAL. MAI.	XVIII
DXXXXVI	VIIII	IIII	VII	XII	KAL. APR.	VI ID. APR.	XXI
DXXXXVII	X	XV	I	XIII	XII KAL. APR.	IX KAL. APR.	XVII
DXXXXVIII	XI	XXVI	III	XIIII	V ID. APR.	II ID. APR.	XVII
DXXXXIX	XII	VII	IIII	XV	IV KAL. APR.	II NON. APR.	XX
DL	XIII	XVIII	V	XVI	XV KAL. MAI.	VIII KAL. MAI.	XXI

5. Beda Venerabilis

*E*nglischer Benediktiner und Kirchenlehrer, geboren 672/73, gestorben 26. 5. 735 im Kloster Jarrow, gilt als Inspirator des Karolingischen Zeitverständnisses; seine Traktate zur Komputistik blieben bis zur Gregorianischen Kalenderreform grundlegend.

Die Bedeutung Bedas für Chronologie und Geschichtsschreibung kann kaum überschätzt werden. In seiner „Kirchengeschichte des englischen Volkes" (731) verwendet er – als erster – die prospektive Inkarnationsära systematisch in einem historiographischen Werk und wird wegweisend für die mittelalterliche Geschichtsschreibung.[28] Die retrospektive Inkarnationsära findet sich hier überhaupt zum erstenmal. In Anlehnung an A. Borst kann man sagen: „Weil Bedas Buch für die mittelalterliche Geschichtsschreibung vorbildlich wurde, reden wir heuer nicht wie die alten Römer vom 2743. Jahr nach Gründung der Stadt Rom, auch nicht wie die orthodoxen Byzantiner und Russen vom 7493. Jahr nach Erschaffung der Welt, sondern vom Jahr 1991 nach Christi Geburt."[29]

Die folgenden Ausschnitte sind dem ersten Teil der „Kirchengeschichte des englischen Volkes" entnommen.

Beda schildert – nachdem er in Kapitel I eine Beschrei-
bung des Landes und seiner Stämme gegeben hat –
zunächst die Landung Caesars in Britannien (Kapitel II),
um in den folgenden Kapiteln die Situation Britanniens
unter den ersten Kaisern nach Christi Geburt darzustel-
len.

„II. Verum eadem Brittania Romanis usque ad Gaium
Iulium Caesarem inaccessa atque incognita fuit. Qui
anni ab Urbe condita sescentesimo nonagesimo tertio,
ante uero incarnationis Dominicae tempus anno sexagesimo, functus gradu consulatus cum Lucio Bibulo, dum
contra Germanorum Gallorumque gentes, qui Hreno
tantum flumine dirimebantur, bellum gereret, uenit ad
Morianos, unde in Brittaniam proximus et breuissimus
transitus est, et nauibus circiter onerariis atque actuariis
LXXX praeparatis in Brittaniam transuehitur; ubi acerua
primum pugna fatigatus, deinde aduersa tempestate
correptus, plurinam classis partem et non paruum
numerum militum, equitum uero pene omnem disperdi-
dit."[30]

„II. Bis Gaius Julius Caesar im Jahr 693 nach Gründung
der Stadt, i. e. im Jahr 60 vor Christus mit Lucius Bibulus
die Position eines Konsuls einnahm, war Britannien von
den Römern nie betreten worden. Als Caesar Krieg mit
den Germanen und Galliern führte – beide nur getrennt
durch den Rhein –, kam er zu den Morini[31], von deren
Land der kürzeste Seeweg nach Britannien führt. Er
rüstete 80 Transportschiffe und leichte Segler aus und
setzte nach Britannien über, wo er zunächst in eine
schwere Schlacht verwickelt wurde und anschließend in

einen Sturm geriet, so daß er einen großen Teil seiner Flotte sowie eine beträchtliche Zahl von Soldaten, darunter die gesamte Kavallerie, verlor."[32]

„Anno autem ab Urbe condita DCCXCVIII Claudius imperator ab Augusto quartus, cupiens utilem reipublicae astentare principem, bellum ubique et uictoriam undecemque quaesiuit. Itaque expeditionem in Brittaniam mouit, quae excitata in tumultum propter non redhibitos transfugas uidebatur; transuectus in insulam est, quam neque ante Iulium Caesarem neque post eum quisquam adire ausus fuerat; ibique sine ullo proelio ac sanguine intra paucissimos dies plurimam insulae partem in deditionem recepit. Orcadas etiam insulas ultra Brittaniam in Oceano positas Romano adiecit imperio, ac sexto quam profectus erat mense Romam rediit, filioque suo Brittanici nomen inposuit. Hoc autem bellum quarto imperii sui anno conpleuit, qui est annus ab incarnatione Domini quadragesimus sextus; quo etiam anno fames grauissima per Syriam facta est, quae in Actibus Apostolorum per prophetam Agabum praedicta esse memoratur."[33]

„Im Jahr 798 nach Gründung der Stadt Rom nutzte Claudius, der vierte Kaiser nach Augustus, jede Gelegenheit, um Krieg zu führen und Siege zu erlangen. Er wollte so beweisen, daß er ein Wohltäter der Republik war. Daher unternahm er eine Expedition nach Britannien, das sich offensichtlich in einer Rebellion erhoben hatte, weil die Römer sich weigerten, einige Überläufer auszuliefern. Er setzte zur Insel über – ein Unternehmen, das vor und nach Julius Caesar niemand gewagt hatte –, und ohne Kampf und Blutvergießen erreichte er

innerhalb weniger Tage, daß sich der größte Teil der
Insel ergab. Er unterwarf sogar die jenseits von Britan-
nien im Ozean liegenden Orkney-Inseln dem Imperium
Romanum. Nach nur sechs Monaten kehrte er nach
Rom zurück und gab seinem Sohn den Namen Britanni-
cus. Er beendete den Krieg im vierten Jahre seiner
Herrschaft, i. e. im Jahr 46 nach Christi Geburt. In
diesem Jahr gab es in Syrien eine große Hungersnot, die
nach Auskunft der Apostelgeschichte (Apg 11,28) vom
Propheten Agabus vorhergesagt worden war."[34]

„IIII. Anno ab incarnatione Domine centesimo quinquagesimo sexto Marcus Antonius Uerus quartus decimus
ab Augusto regnum cum Aurelio Commodo fratre
suscepit. Quorum temporibus cum Eleuther uir sanctus
pontificatui Romanae ecclesiae praeesset, misit ad eum
Lucius Brittaniarum rex epistolam, obsecrans ut per eius
mandatum Christianus efficeretur; et mox effectum
piae postulationis consecutus est, susceptamque fidem
Brittani usque in tempora Diocletiani principis inuiola-
tam integramque quieta in pace seruabant.

V. Anno ab incarnatione Domini CLXXXVIIII Seue-
rus, genere Afer Tripolitanus ab oppido Lepti, septimus
decimus ab Augusto imperium adeptus X et VII annis
tenuit."[35]

„4. Im Jahre des Herrn 156 wurde Marcus Antonius
Verus zusammen mit seinem Bruder Aurelius Commo-
dus zum vierzehnten Kaiser nach Augustus gemacht. In
ihrer Regierungszeit sandte Lucius, ein britischer König,
einen Brief an Eleutherus, einen heiligen Mann, der zu
dieser Zeit Bischof von Rom war. Darin bat er
Eleutherus, ihn durch ein päpstliches Schreiben in die

Gemeinschaft der Kirche aufzunehmen. Seinem frommen Verlangen wurde bald nachgegeben, und die Briten bewahrten den so erhaltenen Glauben bis zur Zeit des Kaisers Diokletian unverletzt und unverkürzt, in Frieden und Ruhe.

5. Im Jahre des Herrn 189 wurde Severus, ein Afrikaner aus Leptis in der Provinz Tripolis, der siebzehnte Kaiser nach Augustus; er regierte 17 Jahre."[36]

6. Von Beda bis „Flores Temporum"

Von den auf Beda folgenden Historiographen ist zunächst Marianus Scottus zu nennen. Über sein Leben sind wir außergewöhnlich gut informiert, da er in seiner Chronik „den Mikrokosmos seines bescheidenen Sünderlebens in den Ablauf der großen Heils- und Weltgeschichte einbettet". Geboren im Jahr 1028 in Irland, kam er 1056 nach Köln, um sich 1058 nach Fulda zu begeben, wo er – nach seiner Priesterweihe in Würzburg – seit 1059 als Inkluse lebte. 1069 wendete er sich auf Befehl des dortigen Bischofs nach Mainz, wo er wiederum in eine Klause eingemauert wurde. Er starb am 22. 12. 1082 im Alter von 54 Jahren. Sein Hauptwerk, eine Weltchronik, weist unter dem Blickwinkel der christlichen Zeitrechnung einige interessante Merkmale auf. Zum einen datiert Marianus im vorchristlichen Teil seiner Chronik an acht Stellen „ante incarnationem"[37], zum anderen verwendet er für die Zeit nach Christus bei der Bezugnahme auf profanhistorische Ereignisse (römische Kaiser und Konsuln) regelmäßig die Datierung „post passionem"[38]. Es scheint sich hierbei um eine späte Nachwirkung der Ostertafeln des Victorius zu handeln.

Die um das Jahr 1270 erschienene Papst-Kaiser-Chronik des Martin von Troppau, eines Prager Dominikaners, der es bis zum apostolischen Pönitentiar brachte, war nicht nur stark verbreitet[39], sondern wurde auch zum Vorbild weiterer mittelalterlicher Chroniken.

Zwischen 1290 und 1294 verfaßt dann ein anonymer schwäbischer Minorit eine Chronik unter dem Titel „Flores Temporum", „Blüten der Zeit"[40]. Er bezieht sich in seiner Einleitung explizit auf Martin von Troppau. Für den vorchristlichen Zeitraum verwendet der Verfasser regelmäßig die retrospektive Inkarnationsära, auch und gerade mit hohen Zahlen. Sogar den Anfang der Welt datiert er auf Christus hin: „ante Iesum 5200 minus 1".

Die im folgenden abgedruckten Ausschnitte aus den „Flores Temporum" sollen nicht nur die Verwendung der retrospektiven Ära dokumentieren, sondern auch einen Einblick in den Typus dieser mittelalterlichen Chroniken geben.

„Virginis Mariae indignus sacrista Ego Martinus Ordinis fratrum Minorum, scire desiderans, quibus temporibus, quilibet Sanctus vixerit super terram, diversas Chronicas & multas studiose perlegi: ex quibus omnibus ab initio seculi usque ad annum gratiae Millesim. CCXC. mihi soli aliqua coacervavi verbis puerilibus & numero algorismi. Cum ergo in praedicationibus dicerem populo: hodie tot anni sunt quod iste Sanctus migravit ad coelos, admirantes Fratres & Clerici pertinaciter exegerunt a me copiam exemplaris & numero usuali, [numerus usualis est Romanus, numerus quem vocat algorisini est Arabicus qui hodie factus est usualis] sed quia non solum Hebraeorum opiniones & LXX interpretes, verum etiam Christianos Historiographos veteres & modernos in annorum numeris inter se vidi heu plurimum discordantes, turbatus & anxius viam mediam sub dubio praeelegi; secutus inter veteres Orosium & Isidorum ethimologarium; inter modernos autem Fratrem Martinum Romanae Curiae poenitentiarium de ordine fratrum Praedicatorum; sed heu nec isti tres autentici viri in annorum numero concordabant. Pro qua maxime causa hunc libellum mihi soli servavi, donec praelatorum meorum autoritate & de diversis ordinibus honestorum virorum nimia victus instantia publicavi. Nec dedignor, imo opto & appeto caritative ab aliis corrigi, malens cum beato Gregorio salva fide alieno intellectui cedere, quam contentionibus deservire. Obsecro autem scriptores, ut circa numeros annorum correctione scribendos adhibeant diligentiam. Alioquin ego quantum ad homines in vacuum laboravi, & ignaviae meae imputabitur non librarii dormitantis. Usualis autem numerus talis est: Centum C. Quadragenti CD. Quingenti D. Sexcenti DC. Nongenti CM. Mille M. Duo millia $\overline{\text{II}}$. Quinque millia $\overline{\text{V}}$. Viginti millia $\overline{\text{XX}}$. Quinque igitur primas mundi aetates celerius transvolans, aetatis sextae & maxime nostris temporibus duxi prolixius immorandum, ubi seorsum a dextris nomina omnium summorum Pontificum usque ad Nicolaum quartum, qui primus de ordine sancti Francisci Papa fuit, eorumque tempora & statuta potiora elucidans atque diversa mundi mirabilia interferens, omnia Regum Romanorum tempora & annos breviter annotavi, non ad eorum laudem, sed ad sanctorum ejusdem contemporaneorum gloriam & honorem, ut inter spinas principum terrenorum coelicae rosae pullulent & lilia paradisiaca beatorum. Et ob hoc hoc praesens opusculum Flores Temporum nuncupavi."[41]

81

„Ich, Martin, unwürdiger Sakristan der Jungfrau Maria und Mitglied des Ordens der Minderen Brüder, begehrte zu wissen, wann dieser oder jener Heilige auf der Erde lebte, und las deshalb mit Eifer alle Chroniken, deren ich habhaft werden konnte. Aus ihnen habe ich mir für den eigenen Gebrauch von frühester Zeit bis zum Jahre des Heils 1290 mit einfachen Worten und mit arabischen Zahlen einiges zusammengetragen. Wenn ich dann in meinen Predigten dem Volke sagte: heute sind es soundsoviel Jahre her, daß dieser oder jener Heilige in die Ewigkeit gegangen ist, staunten die Brüder und Kleriker und baten mich inständig um eine Abschrift des Exemplars und dabei um den Gebrauch der gewöhnlichen Zahlen (die gewöhnliche Zahl ist die römische Zahl, während die Zahl, die man die algorisinische nennt, die arabische Zahl ist, die aber heute üblich geworden ist). Weil aber nicht nur die Auffassungen der Hebräer und der Ausleger der Septuaginta, sondern auch die alten und heutigen christlichen Historiographen in der Angabe der Jahreszahlen sehr weit auseinanderliegen, habe ich mit Zögern und unter Zweifeln einen Mittelweg gewählt; bei den Alten habe ich mich an Orosius und Isidor gehalten; bei den Modernen aber an Bruder Martin OP, Pönitentiar der Römischen Kurie; aber leider stimmen auch diese sehr zuverlässigen Männer in der Angabe der Jahreszahlen nicht überein. Nur aus diesem Grund habe ich dieses Büchlein benutzt, bis ich es mit Erlaubnis meiner Vorgesetzten und fortwährend bedrängt von ehrenwerten Männern aus verschiedenen Orden veröffentlichte. Ich halte es nicht für unter meiner Würde, wünsche mir vielmehr dringend, von anderen in aller Freundschaft korrigiert zu werden. Ich ziehe es vor, mich mit dem hl. Gregor lieber vertrauensvoll der Einsicht eines anderen zu fügen, als mich auf Streitereien einzulassen. Ich beschwöre aber die Kopisten, sie möchten bei der Korrektur der Jahreszahlen große Sorgfalt aufwenden. Sonst hätte ich nutzlos soviel für die Menschen gearbeitet, und man wird es meiner Trägheit zuschreiben und nicht der Nachlässigkeit des Abschreibers. Die gewöhnlichen Zahlen sind nun: Hundert = C, Vierhundert = CD, Fünfhundert = D, Sechshundert = DC, Neunhundert = CM, Tausend = M, Zweitausend = $\overline{\text{II}}$, Fünftausend = $\overline{\text{V}}$, Zwanzigtausend = $\overline{\text{XX}}$. Ich übergehe also schnell die fünf ersten Zeitalter der Welt und verweile länger beim sechsten und vor allem bei unserem Zeitalter. Hier habe ich rechts vor allem die Namen aller Päpste bis zu Nikolaus IV. – dem ersten Papst aus dem Franziskaner-orden – aufgeführt, ihre Regierungszeiten und wichtigen Erlasse sowie verschiedene ungewöhnliche Ereignisse der Welt vermerkt und schließlich alle Regierungszeiten römischer Könige und ihre Jahreszahlen kurz angefügt – nicht um sie herauszuheben, sondern zur Verherrlichung der zu ihrer Zeit lebenden Heiligen, damit zwischen den Dornen der Fürsten dieser Welt himmlische Rosen und paradiesische Lilien der Seligen hervorsprießen. Aus diesem Grunde habe ich dieses kleine Werk ‚Blüten der Zeit' genannt."[42]

„Prima aetas. Prima dies seculi aestimatur fuisse dominica post medium mensis Martii, in qua Deus secundum Isidorum creavit Adam feria sexta; ubi nos in Kalendario Annunciationem Domini celebramus. In Ebron sive in agro Damasceno hora prima formatus, hora tertia in

Paradisum positus obdormivit in extasi donec Dominus Evam de costa ipsius in Paradiso formavit, pomum hora sexta comederunt, e Paradiso hora nona ejecti, ambo adhuc virgines, jam ita magni, quasi essent annorum triginta."[43]

„Erstes Zeitalter. Es wird angenommen, daß der erste Tag dieses Zeitalters der Sonntag nach der Mitte des Monats März war, jener sechste Tag, an dem nach dem Isidor Gott den Adam erschuf und an dem wir dann nach unserem Festkalender die Verkündigung des Herrn feiern. In Ebro oder auf dem Boden von Damaskus wurde Adam in der ersten Stunde geschaffen, in der dritten schlief er entrückt im Paradiese, als der Herr Eva im Paradies aus seiner Rippe erschuf, in der sechsten Stunde aßen sie den Apfel, in der neunten wurden sie aus dem Paradiese vertrieben, beide bis dahin noch unberührt, aber schon erwachsen, als wenn sie dreißig Jahre alt wären."

„Secunda aetas. Diluvium mense Maji factum est, & per annum duravit, Archa Noae habuit in longitudine cubitos CCC. in latitudine L. in altitudine XXX. Cubitas autem fuit Geometricus habens fere X. pedes. A tribus filiis Noae descenderunt Generationes LXXXII. De Sem liberi XXVII. in Asia. De Cham servi XXX. in Africa. De Japhet milites XV. in Europa ..."[44]

„Zweites Zeitalter. Die Sintflut ereignete sich im Monat Mai und dauerte ein Jahr, die Arche Noes war 300 Ellen lang, 50 Ellen breit und dreißig Ellen hoch. Eine Elle hatte fast zehn Fuß. Von den drei Söhnen Noes stammen 82 Generationen ab. Von Sem 27 Kinder in Asien. Von

Cham 30 Sklaven in Afrika. Von Japhet 15 Soldaten in Europa ..."

„Tertia aetas. Ab initio seculi usque ad Abraham fuerunt III.C&LXXXIIII. Inde ad Christum IIXII. Hic Abraham Idola patris sui confregit, ignem quem Chaldaei pro Deo coluerunt & habuerunt adorare noluit. Et ideo Chaldaei eum & Aram fratrem suum in ignem projecerunt. Aram combusto Abraham illae sus evasit Deum Chaldaeorum id est de igne quem Chaldaei adorabant & alia idola incendebant. Sed & idolum Beli praevaluit, quia coronam fictilem aqua plena habuit, cujus foramina cera fuerunt obstructa, qua per ignem liquefacta aqua exiit & ignem superans Chaldaeos confudit. Abraham docuit Egyptios Arithmeticam & Astrologiam. [...] Eo tempore Booz genuit Obeth ex Ruth ante Christum MCC. Hely Sacerdos post IIIIXLIV. regit Israhel annis XL. Tunc Omerus Poeta fertur floruisse. Samuel & Saul Rex post IIIILXXXIIII. rexerunt annis XL."[45]

„Drittes Zeitalter. Von Beginn der Zeit an bis zu Abraham waren es 3184 Jahre. Von da an bis Christus 2012. Dieser Abraham ließ die Götzenbilder seines Vaters zerstören, das Feuer, das die Chaldäer als Gott verehrten und hegten, wollte er nicht anbeten. Deshalb warfen die Chaldäer ihn und seinen Bruder Aram ins Feuer. Aram verbrannte, aber Abraham entkam dem Gott der Chaldäer, das heißt dem Feuer, das die Chaldäer anbeteten. Sie zündeten andere Götzenbilder an. Aber das Götzenbild des Belo war stärker, weil es einen mit Wasser gefüllten Kranz aus Ton hatte, dessen Öffnungen mit Wachs verschlossen waren, durch die das Wasser wegen der Hitze des Feuers austrat. So erlosch das Feuer und verwirrte die Chaldäer. Abraham unterwies die Ägypter in der Arithmetik und in der Astrologie. [...] Zu dieser Zeit zeugte Boaz den Obeth aus Ruth im Jahre 1200 vor Christus. Der Priester Heli regierte ab 4044 Israel 40 Jahre lang. Damals soll der Poet Homer gelebt haben. Samuel und König Saul regierten seit 4084 für eine Dauer von 40 Jahren."

„Sequitur quarta aetas. David post $\overline{\text{IIII}}$CXXIIII. scilicet ante Christum MLXVIII. Ante Romam conditam CCCLX. Hic puer vidit ursum quem superavit, & Leonem jugalavit. Golyam Philisteum superavit, & filiam Saul Regis sibi desponsavit, Annis XL. regnavit. Psalterium dictavit: Ter quinquagenos David canit ordine Psalmos. [...] Ezechias post $\overline{\text{IIII}}$CCCCLIX regnavit annos XXIX. Excelsa sive altaria deorum destruxit. Phase celebravit in quo $\overline{\text{II}}$. tauros & oves $\overline{\text{XVII}}$. expendit. Serpentem Moysi fregit, quia populus ei immolavit. [...] Dicit Orosius quod Roma sit condita post eversionem Troyae. Anno CCCCXIII. Olimpiade VI. Hoc est ab initio mundi $\overline{\text{IIII}}$CCCCLXXXIIII. Scilicet ante Christum annis DCCVI."[46]

„Es folgt das vierte Zeitalter. David herrschte vom Jahr 4124 an, sc. vom Jahr 1068 vor Christus, sc. vom Jahr 360 vor Gründung der Stadt Rom. Dieser Knabe sah einen Bären, den er überwand, und er erwürgte einen Löwen. Er überwand Goliath, einen Philister, und die Tochter König Sauls wurde seine Frau. Er regierte 40 Jahre. Im Psalterium heißt es: ‚David sang dreimal 50 Psalmen.' [...] Ezechias herrschte vom Jahre 4459 an für die Dauer von 29 Jahren. Die Götteraltäre ließ er zerstören. Er feierte das Passahfest, wobei er 2000 Stiere und 17 000 Schafe schlachten ließ. Er zerbrach die Schlange des Moses, weil das Volk ihr opferte. [...] Orosius berichtet, Rom sei nach der Zerstörung Trojas im Jahre 413 der VI. Olympiade gegründet worden. Dies ist das 4484. Jahr seit Beginn der Welt, sc. das Jahr 706 vor Christus."

„Sequitur quinta aetas. [...] Alexander post ĪĪĪĪDCCCXLVIII. Asiam obtinuit. Ptolomeus post ĪĪĪĪDCCCLXXIIII. regnavit annis VL. Machabaeorum primus liber incipit. Ante Christi adventum, anno CCC. Septuaginta interpretes claruerunt. Hos de Judaea in Graeciam vocavit Rex Ptolomaeus cognomine Philadelfus qui librorum LXX. millia congregavit & annis XXXVIII regnavit."[47]

„Es folgt das fünfte Zeitalter. [...] Alexander eroberte Asien im Jahr 4848. Ptolemäus regierte von 4874 an für die Dauer von 45 Jahren. Das erste Buch der Makkabäer wurde geschrieben. 300 Jahre vor der Ankunft Christi wurden die Übersetzer der Septuaginta berühmt. Der König Ptolemäus mit dem Beinamen Philadelphus rief sie von Judäa nach Griechenland. Er sammelte 70 000 Bücher und regierte 38 Jahre."

„Sexta aetas. Jesus Christus de virgine Maria Bethleem natus est, Annis ab initio mundi transactis V̄CC. minus uno, ut scribunt Orosius & Augustinus, vers. Ante Jesum duo CC. minus uno millia quinque. Item ab Abraham ĪĪXV. Item a David CCCCLXXX. Item ab urbe Romae condita DCCLII."[48]

„Sechstes Zeitalter. Jesus Christus wurde von der Jungfrau Maria in Betlehem geboren. Seit Anfang der

Welt waren 5199 Jahre vergangen, wie Orosius und Augustinus schrieben. Vor Jesus vergingen 5199 (= 200 − 1 + 5000) Jahre. Von Abraham an 2015 Jahre. Von David an 480 Jahre. Von der Gründung der Stadt Rom an 752 Jahre."

„Claudius anno Domini XLI. regnavit annis XIII. menses VIII. Pater suus Drusius privignus Augusti, Patruus Gaji, Moguntiae occisus & ibidem sepultus est."[49]

„Claudius regierte vom Jahre des Herrn 41 an für die Dauer von 13 Jahren und 8 Monaten. Sein Vater Drusus, Stiefsohn des Augustus, Onkel des Gaius, wurde in Mainz ermordet und dort begraben."

„Nero gener Claudii Anno Domini LIIII. regnavit annos XIII. menses VII. dies XXVI. aureis retibus piscando usus fuit, nullam vestem bis induit, mulis suis fellas argenteas fecit, pallatium eburneum construxit; in bello infortunatus, Britanniam fere amisit. Hic primam persecutionem Christianis intulit & nequissime vivens nec a Matre sua vel sorore abstinuit."[50]

„Nero, der Schwiegersohn des Claudius, regierte vom Jahre des Herrn 54 an dreizehn Jahre, sieben Monate und sechsundzwanzig Tage. Er pflegte mit goldenen Netzen zu fischen, trug kein Gewand zweimal, ließ seinen Mauleseln silbernes Zaumzeug anfertigen und erbaute einen Palast aus Elfenbein; im Krieg war er glücklos und hätte fast Britannien verloren. Er befahl die erste Christenverfolgung, und in seinem schändlichen Lebenswandel verschonte er weder seine Mutter noch seine Schwester."

„Linus Papa anno Domini LXXI. sedit annis XII. Hic ex praecepto Petri instituit ut mulier velato capite Ecclesiam introiret. Item daemones fugavit, mortuos suscitavit. & innumera miracula fecit. Cum autem filiam Saturnini curasset, ille hoc magicis artibus imputans Linum decollavit.

Cletus Papa anno Domini LXXVII. sedit annis XII. Hic primus scripsit Salutem & Apostolicam benedictionem. Item construxit memoriam beati Petri, suadens peregrinationes ad limina Apostolorum, dixitque hoc esse melius jejuniis duorum annorum, & omnes dissuadentes excommunicavit."[51]

„Papst Linus regierte vom Jahre des Herrn 71 an für 12 Jahre. In dieser Zeit ordnete er auf Weisung des Petrus an, die Frau habe verhüllten Hauptes die Kirche zu betreten. Er trieb auch Dämonen aus, erweckte Tote zum Leben und wirkte zahllose Wunder. Als er aber die Tochter des Saturninus geheilt hatte, schrieb dieser es magischen Kräften zu und ließ Linus enthaupten.

Papst Kletus regierte vom Jahre des Herrn 77 an für die Dauer von 12 Jahren. Er schrieb als erster apostolische Gruß- und Segenswünsche. Ferner erbaute er ein Denkmal für den heiligen Petrus und lud die Pilger zum Besuch der Apostelgräber ein. Dies sei heilsamer als ein zweijähriges Fasten. Über alle, die widersprachen, verhängte er den Kirchenbann."

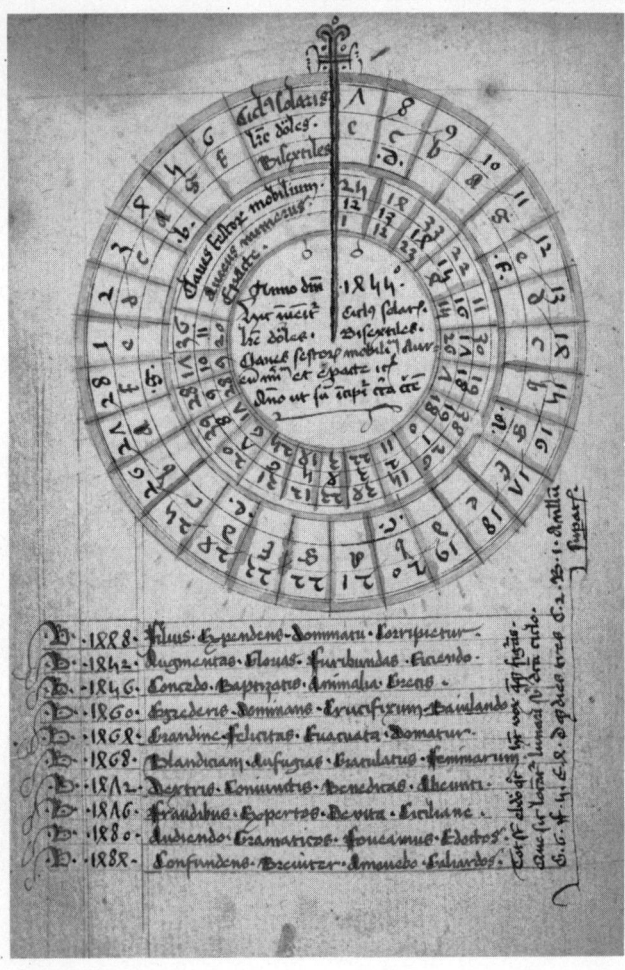

Computusrosette für die Jahre 1455-1482 und kalenderartige Tafel zum Auffinden der Osterdaten (Badische Landesbibliothek, Karlsruhe).

7. Werner Rolevinck

So eindeutig sich die prospektive Inkarnationsära im Laufe des Frühmittelalters auch durchgesetzt hatte: bezüglich der retrospektiven Inkarnationsära kann dies auch für die Zeit nach den „Flores Temporum" noch nicht behauptet werden. Über den weiteren Verlauf der Entwicklung herrscht in der Forschung allgemein Klarheit, wenn auch unterschiedliche Schwerpunkte gesetzt werden. Mit Klempt[52] und von den Brincken[53] sind wir der Meinung, daß der Durchbruch mit dem Beginn des Buchdrucks allgemein und dem „Fasciculus Temporum" des Kölner Kartäusermönchs Werner Rolevinck (1425-1502) im besonderen verknüpft ist. Rolevinck nutzt in seiner Inkunabel aus dem Jahr 1474 die neuen Möglichkeiten und durchzieht seine Darstellung mit waagrechten Linien, von denen die beiden Stränge zur Datierung „anno mundi" und „ante/post Christi nativitatem", biblizistische Weltära nach der Septuaginta und Inkarnationsära, besonders hervorgehoben sind. Im folgenden Auszug aus dem Vorwort seiner Inkunabel erläutert er seine Vorgehensweise.

„Modus autem procedendi planissimus est et grossitudini rusticanae adeo amicus, ut in pariete quidem depingi possit. Eo et illico sine omni difficultate intuendo se offerat. Depinxi igitur in medio folii circulos cum nominibus personarum debitis pro quolibet tempore, et infra et supra lineas duas quarum superior cum suo numero descendit ab Adam usque ad Christum iuxta seriem predictorum [...]. Secunda linea i. e. inferior, retrorsum ascendit a Christi nativitate usque ad mundi creationem. Ut eadem facilitate unico numero inspecto sciant, quot annis hoc aut illud factum sit ante Christi nativitatem, quod ideo sic ordinavimus, quia haec era magis solemnis est apud nos et citius solet requiriri. Post Christum simul ambe descendunt usque ad tempora nostra paulatim crescendo, ita ut superior ostendat etatem Mundi et inferior etatem Christi."[54]

„Die Anordnung ist klar und übersichtlich. Mit Vorliebe wird eine breite und kräftige Darstellung benutzt, so daß man unschwer eine ganze Wand füllen könnte. Sie fällt also gleich ins Auge. Ich habe deshalb in der Mitte des Bandes für jede Zeit Kreise mit den zugehörigen Namen angebracht und darunter und darüber zwei Linien. Die obere mit der jeweils zugehörigen Zahl reicht von Adam bis Christus nach der Reihe der Weissagungen [...]. Die zweite Linie, die untere, führt von Christi Geburt bis zur Erschaffung der Welt zurück, so daß man auf diese Weise mit dem Blick auf eine einzige Zahl weiß, um wieviel Jahre dieses oder jenes Ereignis vor Christi Geburt lag, was wir deshalb so angeordnet haben, weil diese Ära für uns weitaus bedeutender ist und wir eher auf sie zurückzugreifen pflegen. Nach Christus laufen beide Linien herunter bis in unsere Zeit, allmählich zunehmend, derart, daß die obere Linie das Zeitalter der Welt und die untere das Zeitalter Christi darstellt."

8. Bossuet

Geboren 1627 in Dijon, gestorben 1704 in Paris. Aus kleinbürgerlichen Verhältnissen stammend, stieg er als Jesuitenschüler, begabter Prediger und Publizist in hohe kirchliche Ämter auf, die gewöhnlich Adeligen vorbehalten waren. 1669 Bischof von Condom, 1681 von Meaux; Prinzenerzieher, geistiges Haupt der gallikanischen Kirche; engagierter Kämpfer gegen Protestanten, Cartesianer, Quietisten. Seine großen Predigten sind ein Stück der französischen Literatur.

Den „Discours sur l'histoire universelle" (1681) und die „Politique tirée des propres paroles de l'Écriture sainte" (1709 postum veröffentlicht) schrieb Bossuet für den französischen Dauphin. Beide Schriften stehen in der eusebianischen Tradition der Nähe von Kirche und Staat, die hier ins Gallikanische, Nationalkirchliche, Französisch-Absolutistische abgewandelt wird. Der „Discours" ist die letzte große Geschichtstheologie des Abendlandes, so wie Voltaires „Essai sur les Moeurs" die erste Geschichtsphilosophie darstellt. Bossuet verbindet eine (bis auf Karl den Großen hin erweiterte) biblische Weltalterlehre mit einer eigenständigen „Suite de la Religion" (die für ihn zum Triumphzug der katholischen

*Kirche wird); demgegenüber erscheint die Folge der
Reiche (empires) als Verfallsgeschichte, dazu bestimmt,
den Menschen die Größe Gottes vor Augen zu führen
und die Fürsten zur Demut anzuhalten. Datierungspro-
bleme löst Bossuet mit einem synchronischen Verfahren:
neben der Zählung von Anfang der Welt verwendet er u.
a. auch die Zeitrechnung seit Gründung Roms und – von
Christi Geburt an – die christliche Zeitrechnung;
durchgehend werden bei ihm alle vor Christi Geburt
liegenden Zeiten als „Jahre vor Christus" datiert.*

„I,7 ... Cette ville, qui devait être la maîtresse de
l'univers, et dans la suite le siège principal de la religion,
fut fondée sur la fin de la troisième année de la sixième
olympiade, 430 ans environ après la prise de Troie, de
laquelle les Romains croyaient que leurs ancêtres étaient
sortis, et 753 ans devant Jésus-Christ. Romulus, nourri
durement avec les bergers, et toujours dans les exercices
de la guerre, consacra cette ville au dieu de la guerre,
qu'il disait son père."[55]

„I,7 ... Diese Stadt (sc. Rom), welche zur Herrin der Welt
und in der Folge zum Hauptsitz der Religion werden
sollte, wurde gegründet am Ende der dritten Olympiade,
ungefähr 430 Jahre nach dem Fall Trojas, von dem die
Römer glaubten, ihre Vorfahren seien von dort gekommen, und 753 Jahre vor Jesus Christus. Romulus, auf
rauhe Art mit Hirten aufgezogen und in Kriegsdingen
geübt, weihte diese Stadt dem Kriegsgott, den er zu
seinem Vater erklärte."[56]

„I,10 ... On ne convient pas de l'année précise où il vint
au monde, et on convient que sa vraie naissance devance

de quelques années notre ère vulgaire, que nous suivrons pourtant avec tous les autres pour une plus grande commodité. Sans disputer davantage sur l'année de la naissance de Notre Seigneur, il suffit que nous sachions qu'elle est arrivée environ l'an 4000 du monde. Les uns la mettent un peu auparavant, les autres un peu après, et les autres précisément en cette année: diversité qui provient autant de l'incertitude des années du monde, que de celle de la naissance de Notre Seigneur. Quoi qu'il en soit, ce fut environ ce temps, 1000 ans après la dédicace du temple, et l'an 754 de Rome, que Jésus-Christ, fils de Dieu dans l'éternité, fils d'Abraham et de David dans le temps, naquit d'une vierge. Cette époque est la plus considérable de toutes, non-seulement par l'importance d'un si grand événement, mais encore parce que c'est celle d'où il y a plusieurs siècles que les chrétiens commencent à compter leurs années. Elle a encore ceci de remarquable, qu'elle concourt à peu près avec le temps où Rome retourne à l'état monarchique sous l'empire paisible d'Auguste."[57]

„I,10 ... Es herrscht keine Übereinstimmung über das genaue Jahr, in dem er (sc. Christus) auf die Welt kam, und man ist sich einig, daß dieses Geburtsjahr um einige Jahre von unserer üblichen Zeitrechnung abweicht, die wir trotzdem wegen ihrer größeren Bequemlichkeit beibehalten. Ohne lange über das Geburtsjahr unseres Herrn zu streiten, genügt es zu wissen, daß es ungefähr ins Jahr 4000 nach Erschaffung der Welt fiel. Die einen legen es ein wenig früher, die anderen ein wenig später, wieder andere genau in dieses Jahr: eine Verschiedenheit, die daher kommt, daß sowohl das Alter der Welt als

auch das Geburtsdatum unseres Herrn nicht genau
bekannt sind. Wie dem auch sei, es war ungefähr zu
dieser Zeit, 1000 Jahre nach der Weihe des Tempels, im
Jahr 754 römischer Zeitrechnung, daß Jesus Christus,
Sohn Gottes von Ewigkeit und Sohn Abrahams und
Davids in der Zeit, von einer Jungfrau geboren wurde.
Diese Epoche ist die wichtigste von allen, nicht nur
wegen der Bedeutung, die diesem großen Ereignis
zukommt, sondern auch deshalb, weil seit vielen
Jahrhunderten die Christen danach ihre Jahre zählen. Sie
ist außerdem dadurch bemerkenswert, daß sie ziemlich
genau mit der Zeit zusammenfällt, in der Rom unter der
friedvollen Herrschaft des Augustus zur monarchischen
Staatsform zurückkehrte."[58]

9. Voltaire

Geboren 1694 in Paris, gestorben 1778 ebd. Der populärste Autor der Aufklärung, von europäischer Wirkung, obwohl sein umfangreiches Werk in vielen Ländern zensuriert, er selbst wiederholt verfolgt und zur Flucht gezwungen wurde. Aus dem Jesuitenschüler wurde unter dem Einfluß der Ideen Lockes und Bayles ein leidenschaftlicher Gegner der katholischen Kirche (écrasez l'infâme!), doch auch die Fortschritts- und Vervollkommnungsideen der Zeit fanden besonders in seinem Romanwerk ironischen Widerspruch (Candide). Seit seiner Niederlassung in Ferney am Genfer See 1758 ein unbestrittener König der europäischen Literatur, Vorläufer einer bürgerlichen, kultur- und geistesgeschichtlich orientierten Historiographie, die sich von der Dominanz der Herrscher, Schlachten, Staatsaktionen abwendet.

Der „Essai sur les Moeurs" (1756), Voltaires bedeutendster historischer Entwurf, unternimmt den Versuch, die gesamte Weltgeschichte neu zu gliedern: An die Stelle der christlichen Zeitlinie von der Schöpfung und Erlösung zum Gericht tritt ein pragmatisches Nebeneinander „humaner" Zivilisationen. Babylonier, Inder, Chinesen, Ägypter, Araber treten in den Vordergrund, während die

jüdisch-christliche Geschichte aus ihrer Vorrangstellung
gerückt und kritisch relativiert wird.

„Introduction X (Des Chaldéens). Les Chaldéens, les Indiens, les Chinois, me paraissent les nations les plus anciennement policées. Nous avons une époque certaine de la science des Chaldéens; elle se trouve dans les dix-neuf cent trois ans d'observations célestes envoyées de Babylone par Callisthène au précepteur d'Alexandre. Ces tables astronomiques remontent précisément à l'année 2234 avant notre ère vulgaire. Il est vrai que cette époque touche au temps où la Vulgate place le déluge; mais n'entrons point ici dans les profondeurs des différentes chronologies de la Vulgate, des Samaritains, et des Septante, que nous révérons également. Le déluge universel est un grand miracle qui n'a rien de commun avec nos recherches. Nous ne raisonnons ici que d'après les notions naturelles, en soumettant toujours les faibles tâtonnements de notre esprit borné aux lumières d'un ordre supérieur ...

Les progrès de l'esprit sont si lents, l'illusion des yeux est si puissante, l'asservissement aux idées reçues si tyrannique, qu'il n'est pas possible qu'un peuple qui n'aurait eu que dix-neuf cents ans eût pu parvenir à ce haut degré de philosophie qui contredit les yeux, et qui demande la théorie la plus approfondie. Aussi les Chaldéens comptaient quatre cent soixante et dix mille ans; encore cette connaissance du vrai système du monde ne fut en Chaldée que le partage du petit nombre des philosophes. C'est le sort de toutes les grandes vérités; et les Grecs, qui vinrent ensuite, n'adoptèrent que le système commun, qui est le système des enfants."[59]

„Einleitung X (Über die Chaldäer). Die Chaldäer (Babylonier), Inder, Chinesen scheinen mir die ältesten zivilisierten Nationen zu sein. Wir haben eine genaue Zeitbestimmung für die Wissenschaft der Chaldäer: sie findet sich in den 1903 Jahre umfassenden Himmelsbeobachtungen, die von Babylon durch Kallisthenes an den Lehrer Alexanders gesandt wurden. Diese astronomischen Tafeln gehen präzise auf das Jahr 2234 vor unserer üblichen Zeitrechnung zurück. Zwar trifft diese Epoche auf die Zeit, in der die Vulgata die Sintflut ansetzt; aber wir wollen hier nicht in die Tiefen der verschiedenen Chronologien der Vulgata, der Samariter und der Septuaginta eindringen, wir verehren sie alle gleich. Die allgemeine Sintflut ist ein großes Mirakel, das mit unseren Untersuchungen nichts gemein hat. Wir argumentieren hier allein auf Grund natürlicher Begriffe, wobei wir die schwachen Versuche unseres Geistes bereitwillig den Erkenntnissen einer höheren Ebene unterwerfen …

Die Fortschritte des Geistes sind so langsam, die Sinnestäuschung ist so stark, die Macht alter Gewohnheiten so tyrannisch, daß es nicht möglich ist, daß ein Volk in nur 1900 Jahren zu diesem hohen Stand der Erkenntnis kommen kann, der allem Augenschein widerspricht und nach gründlicher Erklärung verlangt. Deshalb rechneten die Chaldäer mit 470 000 Jahren; und selbst diese Theorie war in Chaldäa nur Besitz einer kleinen Zahl von Philosophen. Das ist das Los aller großen Wahrheiten; und die Griechen, die anschließend kamen, übernahmen nur das gebräuchliche System, das ein System von Kindern ist."[60]

10. Der Revolutionskalender

*D*er *französische Revolutionskalender galt zwölf Jahre lang, vom 24. November 1793 bis zum 31. Dezember 1805. Er wurde eingeführt durch den Konvent mit Dekret vom 5. Oktober, erweitert und bereinigt durch Dekret vom 24. November*[61]. *Napoleon setzte ihn wieder außer Kraft. Als neue Epoche (Anfangstag der Ära) wurde der 22. September 1792 festgesetzt, der Tag der Ausrufung der Republik, der mit der Tagundnachtgleiche zusammengefallen war. Die neue Ära, welche die gregorianische ablösen sollte, erhielt den Namen „ère des Français".*[62]

Convention nationale, Séance du 4 frimaire an II.

„La Convention nationale, après avoir entendu son Comité d'instruction publique, décrète ce qui suit:

Article 1. L'ère des Français compte de la fondation de la République, qui a eu lieu le 22 septembre 1792 de l'ère vulgaire, jour où le soleil est arrivé à l'équinoxe vrai d'automne, en entrant dans le signe de la Balance, à 9 heures 18 minutes 30 secondes du matin, pour l'Observatoire de Paris.

Art. 2. L'ère vulgaire est abolie pour les usages civils.

Art. 3. Chaque année commence à minuit, avec le jour où tombe l'équinoxe vrai d'automne, pour l'Observatoire de Paris.

Art. 4. La première année de la République française a commencé à minuit le 22 septembre 1792, et a fini à minuit, séparant le 21 du 22 septembre 1793.

Art. 5. La seconde année a commencé le 22 septembre 1793 à minuit, l'équinoxe vrai d'automne étant arrivé ce jour-là, pour l'Observatoire de Paris, à 3 heures 11 minutes 38 secondes du soir.

Art. 6. Le décret qui fixait le commencement de la seconde année au 1er janvier 1793 est rapporté; tous les actes datés l'an second de la République, passés dans le courant du 1er janvier au 21 septembre inclusivement, sont regardés comme appartenant à la première année de la République.

Art. 7. L'année est divisée en douze mois égaux de trente jours chacun: après les douze mois suivent cinq jours pour compléter l'année ordinaire; ces cinq jours n'appartiennent à aucun mois.

Art. 8. Chaque mois est divisé en trois parties égales, de dix jours chacune, qui sont appelées décades.

Art 9. Les noms des jours de la décade sont:

Primedi.

Duodi.

Tridi.

Quartidi.

Quintidi.

Sextidi.

Septidi.

Octidi.

Nonidi.

Décadi.

Les noms des mois sont:

Pour l'automne ...
{ Vendémiaire.
Brumaire.
Frimaire.

Pour l'hiver ...
{ Nivôse.
Pluviôse.
Ventôse.

Pour le printemps ...
{ Germinal.
Floréal.
Prairial.

Pour l'été ...
{ Messidor.
Thermidor.
Fructidor.

Les cinq derniers jours s'appellent les sansculotides.

Art. 10. L'année ordinaire reçoit un jour de plus, selon que la position de l'équinoxe le comporte, afin de maintenir la coïncidence de l'année civile avec les mouvements célestes. Ce jour, appelé jour de la Révolution, est placé à la fin de l'année et forme le sixième des sansculotides. La période de quatre ans, au bout de laquelle cette addition d'un jour est ordinairement nécessaire, est appelée la Franciade, en mémoire de la Révolution qui, après quatre ans d'efforts, a conduit la

France au gouvernement républicain. La quatrième année de la Franciade est appelée sextile.

Art. 11. Le jour, de minuit à minuit, est divisé en dix parties ou heures, chaque partie en dix autres; ainsi de suite jusqu'à la plus petite portion commensurable de la durée. La centième partie de l'heure est appelée minute décimale; la centième partie de la minute est appelée seconde décimale. Cet article ne sera de rigueur, pour les actes publics, qu'à compter du premier vendémiaire, l'an trois de la République.

Art. 12. Le Comité d'instruction est chargé de faire imprimer, en différents formats, le nouveau calendrier, avec une instruction simple pour en expliquer les principes et l'usage.

Art. 13. Le calendrier ainsi que l'instruction seront envoyés aux corps administratifs, aux municipalités, aux tribunaux, aux juges de paix et à tous les officiers publics, aux armées, aux sociétés populaires et à tous les collèges et écoles. Le Conseil exécutif provisoire le fera passer aux ministres, consuls et autres agents de France dans les pays étrangers.

Art. 14. Tous les actes publics seront datés suivant la nouvelle organisation de l'année.

Art. 15. Les professeurs, les instituteurs et institutrices, les pères et mères de famille, et tous ceux qui dirigent l'éducation des enfants, s'empresseront à leur expliquer le nouveau calendrier, conformément à l'instruction qui y est annexée.

Art. 16. Tous les quatre ans, ou toutes les Franciades, au

jour de la Révolution, il sera célébré des yeux républi-
cains, en mémoire de la Révolution française.[63]

Nationalkonvent, Sitzung vom 24. November 1793

„Der Nationalkonvent beschließt nach Anhörung des
Erziehungsausschusses folgendes Dekret:

Artikel 1. Die Ära der Franzosen zählt von der
Gründung der Republik an, die am 22. September 1792
der alten Zeitrechnung stattfand, an dem Tag, an dem
die Sonne mit dem Eintritt in das Zeichen der Waage die
wahre Herbst-Tagundnachtgleiche erreichte, um 9 Uhr
18 Minuten 30 Sekunden morgens nach der Zeit des
Pariser Observatoriums.

Art. 2. Die herkömmliche Ära wird für den zivilen
Gebrauch abgeschafft.

Art. 3. Jedes Jahr beginnt um Mitternacht mit dem Tag,
auf den die Herbst-Tagundnachtgleiche fällt, nach der
Zeit des Pariser Observatoriums.

Art. 4. Das erste Jahr der Französischen Republik begann
mit der Mitternacht des 22. September 1792 und endete
mit der Mitternacht, die den 21. vom 22. September
1793 trennte.

Art. 5. Das zweite Jahr begann am 22. September 1793
um Mitternacht, wobei die wahre Herbst-Tagundnachtgleiche an diesem Tag nach der Zeit des Pariser
Observatoriums um 3 Uhr, 11 Minuten 38 Sekunden
nachts eintrat.

Art. 6. Das Dekret, das den Beginn des Jahres II auf den

1. Januar festlegte, ist aufgehoben; alle Akte des Jahres II in der Zeit vom 1. Januar bis einschließlich 22. September werden künftig dem Jahr I zugerechnet.

Art. 7. Das Jahr wird eingeteilt in zwölf gleiche Monate von je dreißig Tagen. Auf die zwölf Monate folgen fünf Tage, die das Jahr vervollständigen; sie werden keinem Monat zugerechnet.

Art. 8. Jeder Monat wird eingeteilt in drei gleiche Teile zu je zehn Tagen, die Dekaden genannt werden.

Art. 9. Die Namen der Dekadentage sind:

Eintag	Sechstag
Zweitag	Siebentag
Dreitag	Achttag
Viertag	Neuntag
Fünftag	Zehntag

Die Namen der Monate sind:

Herbst:	Weinmonat / Nebelmonat / Reifmonat
Winter:	Schneemonat / Regenmonat / Windmonat
Frühling:	Keimmonat / Blütenmonat / Grasmonat
Sommer:	Erntemonat / Hitzemonat / Obstmonat

Die fünf letzten Tage heißen Sansculotiden.

Art. 10. Dem Normaljahr wird, je nach Lage der Tagundnachtgleiche[64], ein weiterer Tag hinzugefügt, um die Übereinstimmung des bürgerlichen Jahres mit den Himmelserscheinungen zu wahren. Dieser Tag, der „Tag der Revolution" heißt, liegt am Ende des Jahres und bildet den sechsten der Sansculotiden.

Die Periode von vier Jahren, an deren Ende gewöhnlich ein weiterer Tag nötig wird, wird Franciade genannt, zum Gedenken an die Revolution, die nach vierjähriger Bemühung Frankreich zur republikanischen Staatsform hingeführt hat. Das vierte Jahr der Franciade wird Sextil genannt.

Art. 11. Der Tag wird von Mitternacht zu Mitternacht in zehn Teile oder Stunden eingeteilt, jeder Teil in zehn weitere und so fort bis zur kleinsten meßbaren Zeitdauer. Der hundertste Teil der Stunde heißt Dezimalminute, der hundertste Teil der Minute heißt Dezimalsekunde. Dieser Artikel tritt für die öffentlichen Akte erst mit dem 1. Vendémiaire des Jahres III der Republik in Kraft.[65]

Art. 12. Der Erziehungsausschuß wird beauftragt, den neuen Kalender in verschiedenen Formaten herauszugeben, mit einer knappen Anleitung, die Grundsätze und Gebrauch erklärt.

Art. 13. Der Kalender ebenso wie die Anleitung werden den Behörden, Gemeinden, Gerichten, den Friedensrichtern und allen Urkundsbeamten, den Armeen, den Volksgesellschaften und allen Kollegien und Schulen zugesandt. Der provisorische Exekutivrat wird sie den

Botschaftern, Konsuln und anderen Vertretern Frankreichs im Ausland übermitteln.

Art. 14. Alle öffentlichen Akte werden künftig nach der neuen Einteilung des Jahres datiert.

Art. 15. Die Professoren, die Lehrer und Lehrerinnen, die Familienväter und -mütter und alle, die Kinder erziehen, werden sich bemühen, ihnen den neuen Kalender zu erklären, entsprechend der beigefügten Anleitung.

Art. 16. Alle vier Jahre bzw. alle Franciaden werden am Tag der Revolution revolutionäre Spiele stattfinden zum Gedenken an die Französische Revolution.[66]

Revolutionsuhr mit doppeltem Zifferblatt (Zwölfer- und Zehnerzählung), in: Les lieux de mémoire. I. La République, Sous la direction de Pierre Nora, Paris 1984, S. 77.

ZEITTAFEL

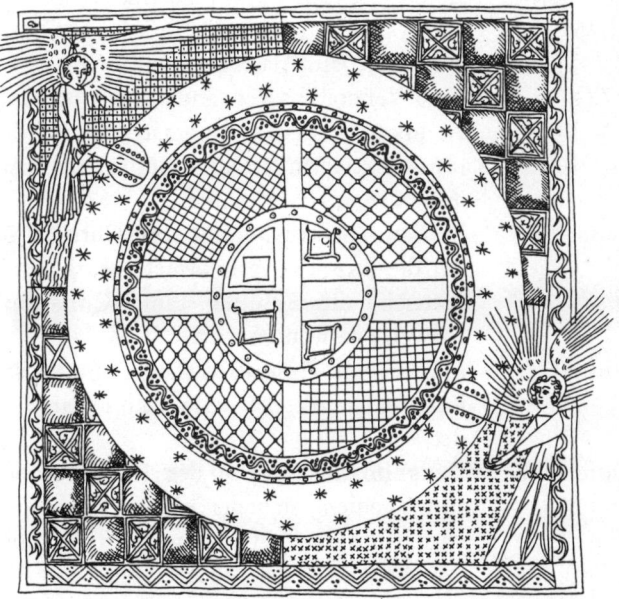

Die Engel setzen mit Handkurbeln den ersten Himmel in Bewegung. Theologisch-astronomische Darstellung aus einer provenzalischen Handschrift des 14. Jahrhunderts (aus: de Champeaux/Sterckx, Einführung in die Welt der Symbole, Echter-Verlag, S. 13).

6-4 v. Chr.	Geburt Christi.
30 n. Chr.	Passion und Auferstehung Christi.
um 120	Das Martyrium Polykarps spricht in seiner abschließenden Datierungsformel von der „ewigen Königsherrschaft Christi".
457	Victorius von Aquitanien bedient sich in seinem Osterzyklus einer Jahreszählung „post passionem".
um 474	Der Bericht über das Martyrium des Simon bar Sabbae datiert „post crucifixionem".
525	Dionysius Exiguus zählt in seinem Osterzyklus die Jahre nach der Geburt Christi.
731	Beda Venerabilis verwendet die prospektive Inkarnationsära systematisch und die retrospektive Inkarnationsära für die Landung Caesars in Britannien.
um 1070	Marianus Scottus verfaßt seine Chronik, in der die prospektive Inkarnationsära systematisch, die Zählung „ante Christum" teilweise verwendet wird.
um 1270	Martin von Troppau verfaßt seine Papst-Kaiser-Chronik, die weite Verbreitung findet.
um 1292	Der anonyme Verfasser der „Flores Temporum" bedient sich der retrospektiven Inkarnationsära zur Datierung von Ereignissen, die vor Christi Geburt liegen.
1474	Werner Rolevinck datiert in seinem „Fasciculus Temporum" systematisch alle Ereignisse der Geschichte sowohl „ab initio mundi" als auch „ante/post nativitatem Domini".

1486	Jacobo Filippo Foresta di Bergamo übernimmt diese Zählweise in seinem „Supplementum Chronicarum" (Rolevincks Werk war schon 1479 in Venedig nachgedruckt worden).
1546	Der italienische Dominikanergelehrte Joh. Lucidus Samotheus datiert nach „Anni ante Christum" und „Anni Mundi".
1550	Mit Johann Aurifaber übernimmt der erste protestantische Gelehrte die neue Datierungsweise („jar der welt" und „jar vor Christi geburt").
1582	Gregorianische Kalenderreform zum Zweck der besseren Anpassung des Kalenders an das tropische Jahr.
1583	Joseph Justus Scaliger schlägt eine neue Weltära auf mathematisch-astronomischer Grundlage vor (Periodus Juliana); ihren Beginn soll das Jahr 4713 vor Christi Geburt bilden. Scaligers Vorschlag kann jedoch die biblizistische Weltära noch nicht verdrängen.
1606	Johannes Kepler verwendet in seinem Werk „De stella nova" die Datierung „vor Christus".
1627	Der Jesuit Dionysius Petavius (Pétau) schlägt grundsätzlich die Zählung „ante Christum natum" vor, um der Verwirrung durch die unterschiedlichen Berechnungsarten der Weltära ein Ende zu machen.
1651	Giovanni Battista Riccioli SJ datiert in seinem „Almagestum novum" ausschließ-

lich nach „Anni ante Christum". Mit ihm und Pétau setzt sich die retrospektive Ära in Europa endgültig durch.

1659   Die Kontroverse zwischen den niederländischen Gelehrten Isaac Vossius und Georg Hornius über die „wahre Weltära" leitet eine jahrzehntelange Auseinandersetzung über die biblische Weltchronologie ein.

1678   Der Oratorianer Richard Simon vertritt in seiner „Histoire critique du Vieux Testament" die Meinung, es sei unmöglich, eine wissenschaftlich zuverlässige Chronologie auf die Bücher des Alten Testaments zu gründen.

1700   Jacques-Bénigne Bossuet verwendet in der dritten Auflage seines „Discours sur l'histoire universelle" die biblizistische Weltchronologie in den Varianten der Hebraica und der Septuaginta. Er fügt jedoch überall die Zählung „ante Christum natum" hinzu.

1756   Voltaires „Essai sur les moeurs" verzichtet grundsätzlich auf die Zeitlinie Adam–Abraham–Christus und setzt an die Stelle der jüdisch-christlichen Tradition ein gleichberechtigtes Nebeneinander „humaner Kulturen" von China bis Arabien. Die ihm folgende Aufklärungshistorie übernimmt – aus Abneigung gegen die biblizistische Ära – stillschweigend die retrospektive Zählung „vor Christi Geburt".

1772   Mit August Ludwig Schlözers „Vorstellung

der Universalhistorie" wird die biblizistische Weltära auch im deutsch-protestantischen Raum endgültig aufgegeben.

1776 Die amerikanische Revolution schlägt Münzen mit dem Halbvers Vergils „Novus ordo saeclorum". Für die Datierung hat diese Proklamation einer neuen Zeit keine Folgen.

1787 Silvain Maréchal entwirft in seinem „Almanach des Honnêtes-Gens" eine Dekadengliederung des Monats. Die christlichen Heiligenfeste werden durch Gedenktage für berühmte Männer ersetzt.

1792 Im revolutionären Frankreich weicht die Legislative erstmals von der christlichen Zeitrechnung ab und datiert mit dem „dritten Jahr der Freiheit".

1793 Einführung einer „Ära der Franzosen" und des „Republikanischen Kalenders" durch den Konvent. Christliche Zeitrechnung und christlicher Kalender werden abgeschafft.

1805 Rückkehr zur christlichen Zeitrechnung in Frankreich und den eroberten Gebieten.

1849 Auguste Comte empfiehlt einen „Calendrier positiviste" mit der provisorischen Ära seit 1789 (später 1855); sein Jahr ist in 13 Monate zu 28 Tagen eingeteilt; Monate und Tage sind nach großen Männern und Frauen benannt.

1888 In diesem Jahr soll, nach Nietzsches „Ecce homo", die falsche Zeitrechnung enden

und mit dem „ersten Tag des Jahres eins"
(30. September 1888) neu beginnen.

1918   Rußland übernimmt den Gregorianischen
Kalender.

1922   Die faschistische Revolution in Italien
proklamiert eine neue Epoche. Als „Anno
primo" gilt das Jahr des „Marsches auf
Rom", jedoch nur ergänzend zur überlieferten Zeitrechnung.

1929   Ununterbrochene Arbeitswoche in der Sowjetunion. Sonntage und kirchliche Feiertage werden abgeschafft. Die Tage werden
nach Farben (Gelb, Orange, Rot, Purpur,
Grün) benannt.

1936   Der Nationalsozialismus versucht für
„gottgläubige Volksgenossen" „Lebensfei-
ern" an Stelle christlicher Feste einzuführen. Auch Experimente mit neuen Kalendern werden angestellt, freilich ohne dau-
erhafte Wirkung. Offiziell wird die Datierung „vor und nach Christus" durch die
Formel „vor und nach der Zeitwende"
ersetzt.

1941   Rückkehr der Sowjetunion zur christlichen
Woche im Zeichen eines Modus vivendi
zwischen Staat und Orthodoxie im Krieg.

1962   Das Zweite Vatikanische Konzil erklärt
sich bereit, das Osterfest auf einen bestimmten Sonntag im Gregorianischen Kalender festzulegen, „wenn alle, die es
angeht, besonders die vom Apostolischen
Stuhl getrennten Brüder, zustimmen".

Auferstehung der Toten am Ende der Zeit, Blatt 29 aus dem „Totentanz" von Hans Holbein d. J., um 1525.

ANMERKUNGEN

*Mensch mit Tierkreiszeichen, Grant Kalendrier des Bergers,
Troyes (Stadtarchiv).*

Die christliche Zeitrechnung

[1] Daß der besondere Charakter der christlichen Zeitrechnung in der gleichzeitigen Vorwärts- und Rückwärtszählung von Christi Geburt an liegt, ist durch Oscar Cullmann, Christus und die Zeit. Die urchristliche Zeit- und Geschichts-Auffassung, 1946, [3]1962, wieder ins Bewußtsein gerückt worden (aaO. 3ff.); ihm folgend Karl Löwith, Meaning in History, 1949; dt.: Weltgeschichte und Heilsgeschehen 1953 u.ö. (aaO. 168ff.). Den Ausdruck „retrospektive Inkarnationsära" verwendet Anna-Dorothee von den Brincken, Beobachtungen zum Aufkommen der retrospektiven Inkarnationsära, in: Archiv für Diplomatik 25 (1979) 1ff.; „prospektive Inkarnationsära" geht auf einen Vorschlag von Michael Schäfer (München) zurück.

[2] Repräsentativ Oscar Cullmann (s. Anm. 1), der freilich beansprucht, auf diese Weise die theologische Logik des Neuen Testamentes zu entfalten. Noch grundsätzlicher, im Anschluß an ihn, Karl Löwith (s. Anm. 1) 168: „Der christlichen Zeitrechnung ist es eigentümlich, daß sie von einem zentralen Ereignis aus zählt, das stattfand, als die Zeit erfüllt war. Bei den Juden liegt das entscheidende Ereignis noch in der Zukunft und die Erwartung des Messias scheidet alle Zeit in einen gegenwärtigen und künftigen Äon. Für den Christen ist die Trennungslinie des Heilsgeschehens kein bloßes *futurum*, sondern ein *perfectum praesens*: die schon geschehene Ankunft des Herrn. Im Hinblick auf dieses zentrale Ereignis wird die Zeit sowohl vorwärts als auch rückwärts gerechnet. Die Geschichtsjahre a.C.n. nehmen beständig ab, während die Jahre p.C.n. auf eine Endzeit hin zunehmen. Innerhalb dieses geradlinigen, aber doppelseitigen Zeitschemas wird die biblische Geschichte als ein Heilsgeschehen gefaßt, das von der Verheißung bis zur Erfüllung fortschreitet und in Christus seine Mitte hat."

[3] Handliche Übersicht bei H. Kaletsch, Art. Zeitrechnung, in: Lexikon der Alten Welt, 1965 (Neudruck 1990), 3307ff.

[4] Arnold A. T. Ehrhardt, Politische Metaphysik von Solon bis Augustin, Bd. II, 1959, 64ff., 155ff., 177f.; Hugo Rahner,

Kirche und Staat im frühen Christentum, 1961; Hans Ulrich Instinsky, Die alte Kirche und das Heil des Staates, 1963; Paul Mikat, Bemerkungen zur neutestamentlichen Sicht der politischen Herrschaft, in: Begegnung mit dem Wort (Festschrift für H. Zimmermann), 1980; Karl Kertelge, Der Christ und die Staatsgewalt nach Römer 13, 1987.

[5] Übersetzung in Anlehnung an Gerhard Rauschen, Der Brief an Diognet (Bibliothek der Kirchenväter, Bd. 12, 1913) 157ff., hier 165.

[6] Erinnert sei an Mt 2,1 (Herodes d. Gr.), Lk 2,1f (Augustus, Quirinius), Lk 3,1 (Tiberius, Pontius Pilatus, Herodes, Philippus, Lysanias).

[7] So werden in den Büchern an Autolykus, die der antiochenische Bischof Theophilos um 180 nach Christus schrieb, biblische, konsularische und kaiserliche Daten verwendet. *Ein* apologetisches Motiv des frühen Christentums gegenüber der nichtchristlichen Umwelt wird im dritten Brief besonders deutlich: das hohe Alter der prophetischen Schriften und die „Göttlichkeit unserer Religion" sollen erwiesen werden – beide sind nicht neu, ihre Lehren nicht fabelhaft und falsch, wie die Heiden behaupten!

[8] Cullmann (s. Anm. 1) 75ff., 105f.

[9] Martyrium Polykarps, in: Rudolf Knopf / Gustav Krüger, Ausgewählte Märtyrerakten, [3]1929, 7. – Übersetzung nach Gerhard Rauschen, Echte alte Märtyrerakten (Bibliothek der Kirchenväter, Bd. 14), 1913, 307f. (für dieses und die folgenden Zitate sei ganz allgemein auf den Quellenteil verwiesen).

[10] Akten des Apollonius, in: Knopf/Krüger (s. Anm. 9) 35. – Übersetzung nach Rauschen (s. Anm. 9) 328.

[11] Martyrium des Pionius, in: Knopf/Krüger (s. Anm. 9) 57.

[12] Akten Cyprians, in: Knopf/Krüger (s. Anm. 9) 64.

[13] Anhand der neueren Editionen ist der Hinweis von Ehrhardt (s. Anm. 4) 71 auf eine Formel „war [...] Kaiser, wie wir bekennen, unser Herr Jesus Christus ..." in den Akten der Scilitanischen Märtyrer nicht zu verifizieren.

[14] So Ehrhardt (s. Anm. 4) 71. Von einer „weitreichenden weltchronologischen Umdisponierung" in den ausgehenden Jahrzehnten des 2. Jahrhunderts spricht August Strobel,

Ursprung und Geschichte des frühchristlichen Osterkalenders, 1977, 400.

[15] Hermann Reifenberg, Fundamentalliturgie, Bd. II, 1978, 270f.; John Hennig, Kalendar und Martyrologium als Literaturformen, in: Archiv für Liturgiewissenschaft VII,1 (1961) 1ff.; jetzt in: John Hennig, Literatur und Existenz. Ausgewählte Aufsätze, 1980, 37ff. (10f., 25ff.).

[16] So berichtet Augustin, Sermo 280-282, daß der Bericht über den Martyrertod der Heiligen Perpetua und Felicitas und ihrer Gefährten am Gedächtnistag der Martyrer in den Kirchen von Hippo vorgelesen wurde.

[17] Bruno Krusch, Studien zur christlich-mittelalterlichen Chronologie. Die Entstehung unserer heutigen Zeitrechnung (= Abhandlungen der Preußischen Akademie der Wissenschaften, Jg. 1937, phil.-hist. Kl.), Berlin 1938, 59ff., hier 64.

[18] Ebd. 4ff.

[19] In seiner quellennahen Rekonstruktion liegt nach wie vor das Verdienst Cullmanns. Viele seiner systematisch erschlossenen Befunde werden übrigens durch die historischen Analysen Strobels (s. Anm. 14) bestätigt. Demnach fiel die Wendung von einem hocheschatologischen zu einem stärker soteriologischen Selbstverständnis der christlichen Gemeinden ins Ende des 2. Jahrhunderts. „Der einstige Primat des Hoffens auf den bereits zum Gericht inthronisierten Menschensohn und Herrn wurde nun unwiderruflich abgelöst vom Primat des Glaubens an den in Verkündigung und Sakrament in der Gemeinde gegenwärtigen Kyrios. Daß es mit der vorgenommenen welt-chronologischen Neuorientierung auch zugleich zur Erstellung neuer größerer Kalenderzyklen kam (84j., 112j., 95j. und 100j.), veranschaulicht das enge unauflösliche Wechselverhältnis von christlicher Weltchronologie und kirchlicher Kalenderkomputation" (Strobel 402). Nun rückt auch der „anfängliche Christus" gegenüber dem endzeitlichen in den Vordergrund, gegenüber Tod und Wiederkehr wird die Inkarnation stärker betont, und damit kann das Datum der Geburt Christi zur Mitte der Geschichte werden – ein Prozeß, der sich freilich sehr allmählich und in Stufen vollzieht.

[20] Zur Organisation der Zeit in der Liturgie: Hansjörg Auf der

Maur, Feiern im Rhythmus der Zeit, I: Herrenfeste in Woche und Jahr (= Gottesdienst der Kirche. Handbuch der Liturgiewissenschaft, Teil 5), 1983, 18ff.; ferner Hennig (s. Anm. 15) 45ff.; Reifenberg (s. Anm. 15) 236ff.

[21] Heinz Zemanek, Kalender und Chronologie, [4]1987, 18ff.; Auf der Maur (s. Anm. 20) 26ff.; Reifenberg (s. Anm. 15) 243ff.

[22] Woche und Monat lehnen sich zwar an Mondviertel und Mondperiode an, haben aber in unserem Kalender keinen direkten Bezug auf den Mond; vgl. Zemanek (s. Anm. 21) 18.

[23] Auf der Maur (s. Anm. 20) 27; Zemanek (s. Anm. 21) 82.

[24] Hierzu Arno Borst, Computus. Zeit und Zahl in der Geschichte Europas, 1990, 18ff.

[25] Auf der Maur (s. Anm. 20) 26ff., 36ff.; Reifenberg (s. Anm. 15) 243ff.

[26] Zum Forschungsstand: Willy Rordorf, Ursprung und Bedeutung der Sonntagsfeier im frühen Christentum, in: Liturgisches Jahrbuch 31 (1981) 145ff.; Auf der Maur (s. Anm. 20) 35 (dort weitere Literatur).

[27] Auf der Maur (s. Anm. 20) 39: „Die Sonntagsfeier ist insofern im Ostergeschehen verankert, als sie später, und zwar in je verschiedenen Gemeinden zu je verschiedenen Zeiten, durch die Auferstehung bzw. die Erscheinungen des Auferstandenen am Ersten Tag nach dem Sabbat motiviert wurde. Eine liturgische Kontinuität mit dem Geschehen selbst oder auch nur mit der Urgemeinde ist aber nicht nachzuweisen."

[28] Rordorf (s. Anm. 26) 156ff.

[29] So Reifenberg (s. Anm. 15) 244. Vgl. auch Jean Corbon, Liturgie aus dem Urquell, 1981: „Feiern wir Christus, unser Pascha, dann dringt dieser Tag in unsere Zeit ein, sie wird davon verklärt, wird sakramental ... Nun erreicht uns dieser strahlende Tag der Auferstehung nicht wie eine Erinnerung oder wie ein abstraktes Ideal, sonst hätte der Tod noch immer Gewalt über ihn; er ist immerwährende Energie des Heiligen Geistes in unsere sterbliche Zeit hinein" (145f.). „Der erste Wochentag, der Sonntag, wird den Lebensglanz der Auferstehung über alle andern Tage gießen. Der hl. Gregor von Nyssa sagt uns: ‚Der Christ lebt die ganze Woche seines Lebens das einzige Ostern und läßt diese Zeit licht werden.' Und Origenes:

‚An keinem einzigen Tag feiert der Christ nicht Ostern'" (147f.).

30 Borst (s. Anm. 24) 20.

31 Reifenberg (s. Anm. 15) 245; Zemanek (s. Anm. 21) 44ff.

32 Zit. bei Josef Pieper, Zustimmung zur Welt. Eine Theorie des Festes, ²1964, 53; vgl. auch Frère Roger, Ta fête soit sans fin, 1971, 15ff., 130ff.; dort der Hinweis auf Athanasius: „Le Christ ressuscité fait de la vie de l'homme une fête continuelle" (131). Grundsätzlich zur „Feier der neuen Zeit" in der Liturgie Corbon (s. Anm. 29): „Für die ..., die mit Christus schon auferstanden sind, wird das Jahr in die Synergie der ewigen Liturgie einbezogen, es wird selbst ‚liturgisch' ... Ausgehend von Ostern, in sich ausbreitenden Ringen, wird das Jahr durch die Liturgie verwandelt, wird sakramental. Als durchsichtiges Zeichen des Auferstehungstages wird jeder Teil seines Ablaufs zum Widerschein der liturgischen Fülle" (146f.).

33 Hennig (s. Anm. 15) 42. Vgl. auch Corbon (s. Anm. 29) 48 Anm. 7: „... Wer die himmlische Liturgie vergißt, weiß nicht mehr, daß die ‚Fülle der Zeit' immerfort in unsere alte Zeit einbricht, um diese zur ‚Endzeit' zu machen. Man fällt hinter die Auferstehung zurück, in eine Art von ‚leeren' Glauben. Man verabsolutiert ein Raum-Schema: Gott ist ‚droben', der Mensch ‚unten' – während doch das Gottesreich schon da ist, unter uns und in uns."

34 So Hennig (s. Anm. 15) 43.

35 Dazu John Hennig, Der Geschichtsbegriff der Liturgie, in: Schweizer Rundschau 49 (1949) 50ff.

36 August Strobel, Texte zur Geschichte des frühchristlichen Osterkalenders, 1984, 153.

37 Von einer „sehr bedeutsamen weltchronologischen Umstellung" spricht August Strobel, Ursprung und Geschichte des frühchristlichen Osterkalenders, 1977, 452, im Hinblick auf das ausgehende 2. Jahrhundert. Er weist auf den Zusammenhang zwischen der alexandrinischen Komputation und der von Hippolyt von Rom und Julius Africanus propagierten Weltchronologie hin, die Jesu Geburt auf das 5500. Jahr einer Aera Mundi setzte. „Die byzantinische Chronistik, aber auch das mittelalterliche Geschichtsdenken, sind ohne sie undenkbar.

Letzten Endes ist das abendländische Bewußtsein bis in die Moderne hinein davon geprägt worden. Die Weltbedeutung des Christusgeschehens fand damit ihren wohl eindrucksvollsten zahlenmäßigen Niederschlag" (453).

[38] Dazu jetzt Borst (s. Anm. 24), passim, und Zemanek (s. Anm. 21) 35ff.

[39] Zum Problem des Geburts- und Todesjahres Jesu Strobel (s. Anm. 37) 139ff. und Zemanek (s. Anm. 21) 84ff.

[40] Weder das aus dem Umlauf der Erde um die Sonne sich ergebende *Jahr* noch der aus dem Umlauf des Mondes um die Erde sich ergebende *Monat* läßt sich durch den *Tag* (Umdrehung der Erde um ihre Achse) exakt teilen. Auf die Konsequenzen für den Festkalender weist Peter Rück, Die Dynamik mittelalterlicher Zeitmaße und die mechanische Uhr, in: Hanno Möbius / Jörg Jochen Berns (Hg.), Die Mechanik in den Künsten. Studien zur ästhetischen Bedeutung von Naturwissenschaft und Technologie, 1990, 17ff., hin: „Weil die 365 Tage des Jahres nicht durch 7 teilbar sind, also keine ganze Zahl von Wochen ausmachen, sind alle tagesdatierten Feste um 7 Wochentage verschiebbar. Wo aber ein bestimmter Wochentag, meist ein Sonntag, für die Feier gefordert ist, muß das Datum um 7 Einheiten schwanken, und wo zusätzlich zum Wochentag noch eine bestimmte Mondphase gefordert ist, muß das Datum um die Differenz zwischen Mondphasendatum und Sonnenjahrsdatum schwanken. Es gibt deshalb zwei Gruppen von beweglichen Festen.
1. Wo nur ein bestimmter Wochentag in bezug auf ein fixes Datum gefordert ist, umfaßt der Spielraum 7 Tage. So bei den vier Adventssonntagen, deren erster zwischen dem 27. November und dem 3. Dezember liegen kann, je nachdem, ob der 25. Dezember auf einen Sonntag oder einen anderen Wochentag fällt. Der sog. Weihnachtsfestkreis – inkl. die dreizehn Tage bis Epiphanie – ist jünger und weniger ausgreifend als der Osterfestkreis, der erheblich stärkere Turbulenzen mit sich bringt.
2. Da Ostern auf den Sonntag nach dem ersten Frühlingsvollmond fällt, schwankt sein Datum nicht bloß um 7 Wochentage, sondern zusätzlich um die Differenz zwischen Mond- und

Sonnenmonatsdatum. Bei einem fixen Frühjahrsbeginn am 21. März kann der erste Frühjahrsvollmond zwischen dem 21. März und dem 18. April stattfinden, Ostern aber – der Sonntag danach – auf 35 verschiedene Daten zwischen dem 22. März und dem 25. April fallen. Um diese 35 Tage verschieben sich alle an Ostern geknüpften Termine, die Sonntage der vorösterlichen, 40tägigen Fastenzeit und die Feste der 50tägigen, nachösterlichen Zeit bis Pfingsten, die Sonntage und die Feste wie Himmelfahrt, Trinitatis und Fronleichnam. Die kalendarischen Turbulenzen des Osterfestkreises betreffen die Monate Februar bis Juni; als letztes daran geknüpftes Fest fällt Fronleichnam – erst im 13. Jahrhundert eingeführt – spätestens auf den 24. Juni (das letzte Mal 1943, das nächste Mal 2038), den St.-Johanns-Tag. Die zweite Jahreshälfte ist wesentlich ruhiger ...

So dreht sich das christliche Jahr nicht monoton im Kreis wie eine Uhr, sondern vielmehr wie ein funkelndes und tingelndes Karussell über einem Exzenter" (26f.).

[41] Rück (s. Anm. 40) 20.

[42] Zemanek (s. Anm. 21) 29ff.

[43] Ebd. 11, 28ff.

[44] So z. B. dem Calvinisten und Schöpfer der modernen Chronologie Joseph Justus Scaliger (1540-1609); vgl. Borst (s. Anm. 24) 88.

[45] Rück (s. Anm. 40) 21.

[46] Rück (s. Anm. 40) 25f. verweist auf die Votivmessen der Wochentage: „So haben sich die Engelmesse am Dienstag, die Kreuzmesse am Freitag und die Marienmesse am Samstag bis heute behauptet, während andere Zuordnungen sich oft verschoben haben. Der Sonntag gehörte der Trinität (heute der Montag) ... Das Spätmittelalter weihte den Dienstag Christi Großmutter Anna, den Mittwoch dem hl. Joseph, den Donnerstag der Eucharistie ..."

[47] Hennig (s. Anm. 15) 19ff.

[48] Fest und Kalender in französischen Erzählwerken des 12. und 13. Jahrhunderts behandelt eine Thèse de Doctorat d'Etat von Philippe Walter, die für 1991 angekündigt ist (im Mittelpunkt steht Chrétien de Troyes). Auf die Verwandt-

schaft von lat. *computare* mit den volkssprachlichen Vokabeln *conter, contar, raccontare, erzählen, to tell* weist Borst hin: „... die Nichtgelehrten Europas verklammerten das Erzählen von Geschichten und die Zählung von Zeit" (aaO. 41).

[49] Ludwig Rohner, Kalendergeschichte und Kalender, 1978, 119ff., 159ff., 373ff.

[50] Zur Geschichte der Ostertafeln vgl. die Arbeiten von August Strobel (s. Anm. 36, 37) und Borst (s. Anm. 24) 20ff., 24ff. Parallel zur Passionszählung des Victorius findet sich eine solche in den Berichten über das Martyrium des Simon Bar Sabbae und seiner Gefährten. Näheres im Quellenteil.

[51] Strobel, Ursprung (s. Anm. 37) 139ff., setzt die Passion Christi auf das Jahr 30; demnach hätte sich Dionysius Exiguus um einige Jahre verrechnet.

[52] Siehe Anm. 17.

[53] von den Brincken (s. Anm. 1) 6f.; Borst (s. Anm. 24) 36f.

[54] Borst (s. Anm. 24) 37.

[55] Zum folgenden Rück (s. Anm. 40) 22ff., und Borst (s. Anm. 24) 44ff. (der auch auf Rückschläge im Gebrauch computistischer Methoden im 11. Jahrhundert hinweist).

[56] Rück (s. Anm. 40) 23.

[57] von den Brincken (s. Anm. 1) 5f.

[58] Jürgen Miethke, Das Reich Gottes als politische Idee im späteren Mittelalter, in: Jacob Taubes (Hg.), Religionstheorie und Politische Theologie (Bd. 3: Theokratie), 1987, 267ff.

[59] von den Brincken (s. Anm. 1); dies., Anniversaristische und chronikalische Geschichtsschreibung in den ,Flores Temporum' (um 1292), in: Geschichtsschreibung und Geschichtsbewußtsein im späten Mittelalter, hg. von Hans Patze (= Vorträge und Forschungen XXXI), 1987, 195ff.

[60] Beda Venerabilis, Historia ecclesiastica Gentis Anglorum, c. II (PL 95, 27); dazu von den Brincken, Beobachtungen (s. Anm. 1) 6; Borst (s. Anm. 24) 36.

[61] von den Brincken, Beobachtungen (s. Anm. 1), weist darauf hin, daß retrospektive Zählungen in anderen Zeitrechnungen als der christlichen nicht bekannt sind. „Das streng lineare Zeitdenken ist ein Charakteristikum der sogenannten Buchreligionen, der auf dem Alten Testament basierenden Weltreli-

gionen. Für das Judentum ist das zentrale Heilsereignis, das Erscheinen des Messias, noch nicht Geschichte geworden; mithin ist hier nur die Weltära verbindlich geblieben. Im Islam wäre theoretisch eine retrospektive Hidschra-Rechnung denkbar ...", aber die Universalhistoriker des Islam „bedienen sich im Mittelalter vielmehr für die ältere Zeit der hebräischen Weltära oder der Seleukidenära, wie etwa Rasid ad-Din in der ‚Geschichte der Kinder Israels' zu Beginn des 14. Jahrhunderts im mongolischen Ilkhanreich von Persien, als im Abendland bereits retrospektiv gerechnet wird. Ein Vorbild ist hier nicht auszumachen" (aaO. 2f.).

[62] Vgl. Borst (s. Anm. 24) 33ff.

[63] von den Brincken, Marianus Scottus. Unter besonderer Berücksichtigung der nicht veröffentlichten Teile seiner Chronik, in: Deutsches Archiv für Erforschung des Mittelalters 17 (1961) 191ff.

[64] Man denke an Einhards *Vita Caroli Magni* oder an die *Gesta Frederici* Ottos von Freising (Hinweis von Michael Schäfer).

[65] Borst (s. Anm. 24) 56ff.

[66] von den Brincken, Anniversaristische ... Geschichtsschreibung (s. Anm. 59) passim.

[67] von den Brincken, Beobachtungen (s. Anm. 1) 14ff.; dies., Anniversaristische ... Geschichtsschreibung (s. Anm. 59) 198.

[68] Daher meine ich auch nicht, daß man die retrospektive Zeitrechnung allein (oder auch nur überwiegend) auf praktisch-technische Erwägungen zurückführen kann (so aber von den Brincken, Beobachtungen [s. Anm. 1] 2).

[69] Zit. bei von den Brincken, Beobachtungen (s. Anm. 1) 19 Anm. 59 („quia hec era magis solemnis est apud nos et citius solet requiri").

[70] So auch Adalbert Klempt, Die Säkularisierung der universalhistorischen Auffassung. Zum Wandel des Geschichtsdenkens im 16. und 17. Jahrhundert, 1960, 81ff. (zu Rolevinck 87 und Anm. 260).

[71] Siehe Anm. 3 und 57.

[72] Klempt (s. Anm. 70) 83ff.; von den Brincken, Beobachtungen (s. Anm. 1) 5f.

[73] Klempt (s. Anm. 70) 88: „Hier (in Deutschland) beharrt

jedoch auch im Zeitalter der Aufklärung noch die Mehrzahl der Autoren bei der herkömmlichen Zeitrechnung nach der biblizistischen Weltära. Joh. Chr. Gatterer zählt noch in allen seinen Werken nach Jahren der Welt..." Erst Schlözer, Vorstellung der Universalhistorie, 1772, geht zur Zählung von Christi Geburt an rückwärts über.

[74] Klempt (s. Anm. 70) 81ff., 89f.

[75] Zemanek (s. Anm. 21) 61ff.; Klempt (s. Anm. 70) 85; Borst (s. Anm. 24) 86ff.

[76] Voltaire, Essai sur les Moeurs et l'Esprit des Nations, 1756; dazu Karl Löwith, Weltgeschichte und Heilsgeschehen, [2]1953, 99ff.

[77] Das Wort kommt seit der Gregorianischen Reform in Umlauf; es wird in älterer Zeit wertfrei gebraucht. Noch bei Voltaire, der sich über die christliche Ära mokiert (vgl. Borst [s. Anm. 24] 96), und in den Berichten des Konvents zur revolutionären Zeitrechnung und zum republikanischen Kalender (1793) wird „ère vulgaire" im Sinn von „communément reçu", „commun", „ordinaire" verstanden.

[78] Klempt (s. Anm. 70) 87f.

[79] Sethus Calvisius, Opus chronologicum universale, 1605; Johannes Kepler, De stella nova, 1606; Dionysius Petavius, Rationarium Temporum, 1633; Giovanni Battista Riccioli, Chronologia reformata, 1669.

[80] Klempt (s. Anm. 70) 85.

[81] Löwith (s. Anm. 76) 100f., 129ff.

[82] Klempt (s. Anm. 70) 88f.

[83] Dies freilich oft in der neutralen Form „nach der Zeitrechnung", ohne ausdrückliche Beziehung auf Christus; in dieser Form ist das christliche Jahr – zumindest als Geschäftsjahr – sogar in der heutigen jüdischen und islamischen Welt als Ergänzungschronologie zu der nach wie vor bestehenden jüdischen und mohammedanischen Ära präsent.

[84] Albert Mathiez, La Théophilanthropie et le Culte décadaire (1796-1801), 1904; vgl. unten Anm. 107 und 108.

[85] Karl Griewank, Der neuzeitliche Revolutionsbegriff, 1955, Neuausgabe 1973.

[86] Nach Karl Marx' bekanntem Wort, das Hannah Arendt

wieder in Erinnerung gerufen hat (Über die Revolution, 1963, 62).

[87] Einzelheiten bei Hans Maier, Revolution und Kirche, [5]1988, 125 mit Anm. 125.

[88] So Zemanek (s. Anm. 21) 30ff. mit Einzelnachweisen. Im übrigen war es aufklärerische Tradition, mit den Ägyptern gegen die Gregorianische Ära zu argumentieren, wie schon der Artikel *ère* der Encyclopédie erkennen läßt.

[89] Zum folgenden Maier (s. Anm. 87) 269ff. (revolutionäre Feste und Zeitrechnungen).

[90] Peter Aufgebauer, Die astronomischen Grundlagen des französischen Revolutionskalenders, in: Die Sterne 51 (1975) 40ff.

[91] Mona Ozouf, La fête révolutionnaire 1789-1799, 1976, 188f. Zugleich mit den Bemühungen um neue Zeitrechnung und neuen Kalender war eine Kommission der Pariser Akademie mit der Festlegung eines neu definierten Längenmaßes und ein Ausschuß des Konvents mit der Festlegung eines neuen Maß- und Gewichtssystems beschäftigt (siehe Aufgebauer [s. Anm. 90] 41). Michel Vovelle vermutet, daß der Erfolg der Restrukturierung des Raumes in der Revolution mit der relativen Neutralität dieses Unternehmens zusammenhing, während die Restrukturierung der Zeit an religiösen Widerständen scheiterte (Diskussionsbeitrag in: Rolf Reichardt / Eberhard Schmitt, Die Französische Revolution als Bruch des gesellschaftlichen Bewußtseins, München 1988, 66f.).

[92] Einzelheiten bei Bronislaw Baczko, Le Calendrier Républicain, in: Les Lieux de Mémoire (sous la direction de Pierre Nora), 1984, 37ff. Uhren mit doppeltem – herkömmlichem und dezimalem – Ziffernblatt wurden in Frankreich nach Einführung der neuen Zeitrechnung entwickelt; das Dekret des Konvents vom 24. September 1793 räumte ein Jahr für den Umbau der Uhren ein. Unter den Uhrmachern wurde ein Wettbewerb gestartet; Entwürfe wurden mit hohen Summen in der Bevölkerung propagiert (Aufgebauer [s. Anm. 90] 43).

[93] Über den Zusammenhang zwischen dem revolutionären Fest und der neuen Zeitrechnung: Maier (s. Anm. 87) 278ff.

[94] Hermann Grotefend / Theodor Ulrich, Taschenbuch der Zeitrechnung des deutschen Mittelalters und der Neuzeit, [10]1960, 29; Aufgebauer (s. Anm. 90) 40f.

[95] Procès-verbaux du Comité d'Instruction publique de la Convention Nationale publiés et annotés par M. J. Guillaume, 6 Bände, Paris 1891-1907; ein Registerband (1957) mit einer Einleitung von G. Bourgin enthält Korrekturen und Nachträge.

[96] Guillaume (s. Anm. 95) II, 441.

[97] Ebd. 442.

[98] Ebd. 697.

[99] Hier ging die Rechnung freilich nicht auf, wie die Verlegenheitslösung der am Ende des Jahres außerhalb der Monatsgliederung nachgeschobenen Tage („Sansculotides") und die nach wie vor nötigen Schalttage zeigten; vgl. Aufgebauer (s. Anm. 90) 46; Zemanek (s. Anm. 21) 100f.

[100] Vgl. Jürgen Wilke (Hg.), Mehr als ein Weekend? Der Sonntag in der Diskussion, 1989, mit Beiträgen von Urs Altermatt, Peter Häberle, Cornelius G. Fetsch, Jürgen Wilke und Hanspeter Heinz.

[101] Freilich wurden die „Sansculotiden" durch einen Konventsbeschluß vom 26. August 1794 wieder aufgehoben; nur der letzte wurde als Feiertag beibehalten.

[102] Guillaume (s. Anm. 95) II, LXXVII.

[103] Die stärkere Verwurzelung des Revolutionskalenders in einer Großstadt zeigt die methodisch sorgfältige Studie von Michael Meinzer, Der französische Revolutionskalender und die ‚Neue Zeit', in: Reichardt/Schmitt (s. Anm. 91) 23ff.

[104] Selbst wenn man einräumt, daß der alte Sonntag nicht ohne weiteres schon ein Tag der Ruhe war (das wird er erst im 19. Jahrhundert, im Zug der Arbeitsschutzgesetzgebung!), sondern auch Behördengängen, Besorgungen, Begegnungen diente; siehe Meinzer (s. Anm. 103) 60, 69ff.

[105] Meinzer ist zuzustimmen, wenn er fordert, das eklektische Sammeln von Belegstellen müsse „durch eine konsequente Lokalstudie ersetzt werden" (aaO. 28f.). Freilich läßt eine Großstadtstudie wiederum keine Rückschlüsse auf ganz Frankreich zu – hier könnte nur eine Reihe konsequenter Stadt-Um-

land-Studien weiterhelfen. Wie viele Fragen bezüglich der Wirkung des revolutionären Kalenders noch offen sind, zeigt die Diskussion des Referats von Meinzer (Etienne François, Hans-Jürgen Lüsebrink, Michel Vovelle, Paolo Viola, Reinhart Koselleck, Michael Meinzer); aaO. 65ff.

[106] Aufgebauer (s. Anm. 90) 47f.

[107] Auguste Comte, Catéchisme positiviste, Edition commémorative, 1957, 12e Entretien, 383ff., 490f. Als Beginn einer provisorischen Ära hatte Comte zuerst den 1. August 1789 vorgeschlagen; später kam der Jahresanfang 1855 in Gebrauch.

[108] Friedrich Nietzsche, Werke und Briefe I (1934), XLIX; dazu Karl Löwith, Von Hegel zu Nietzsche, [3]1953, 411.

[109] Peter Scheibert, Lenin an der Macht, 1984, 335.

[110] Zemanek (s. Anm. 21) 102.

[111] Grotefend/Ulrich (s. Anm. 94) 29.

[112] Klaus Vondung, Magie und Manipulation. Ideologischer Kult und politische Religion des Nationalsozialismus, 1971; Raimund Baumgärtner, Weltanschauungskampf im Dritten Reich. Die Auseinandersetzung der Kirchen mit Alfred Rosenberg, 1977, bes. 92ff.; Rohner (s. Anm. 49) 476f.; Josef Ackermann, Himmler als Ideologe, 1970, bes. 84ff.

Quellen zur christlichen Zeitrechnung

[1] Die Lebensdaten und textkritischen Angaben orientieren sich für die Martyrerakten vor allem an: Berthold Altaner / Alfred Stuiber, Patrologie, [9]1978; Otto Bardenhewer, Geschichte der altkirchlichen Literatur, 5 Bde., 1902ff.; Philipp Vielhauer, Geschichte der urchristlichen Literatur, [2]1978; sowie an den entsprechenden Einträgen in den einschlägigen Lexika.

[2] Beda Venerabilis, Historia Ecclesiastica gentis Anglorum V,24, zitiert nach: Arno Borst, Computus – Zeit und Zahl im Mittelalter, 1988, 19.

[3] Martyrium Polykarps XXI in: Rudolf Knopf / Gustav Krüger, Ausgewählte Märtyrerakten, [3]1929, 7.

[4] Übersetzung nach Gerhard Rauschen, Echte alte Märtyrerak-

ten, in: Frühchristliche Apologeten und Märtyrerakten = Bibliothek der Kirchenväter (BKV[2]) Bd. 14 (München-Kempten 1913), 307f.

[5] Akten Cyprians in: Knopf/Krüger (s. Anm. 3) 62.

[6] Akten Cyprians in: Knopf/Krüger (s. Anm. 3) 64.

[7] Übersetzung: Die prokonsularischen Akten des hl. Cyprian in: BKV[2] 14, 366.

[8] Übersetzung: Die prokonsularischen Akten des hl. Cyprian in: BKV[2] 14, 369.

[9] Eusebius von Caesarea, HE V 1, 2-5.

[10] Akten des Apollonius in: Knopf/Krüger (s. Anm. 3) 30.

[11] Knopf/Krüger (s. Anm. 3) 35.

[12] BKV[2] 14, 319f.

[13] BKV[2] 14, 328.

[14] HE IV 15, 46f. Der Irrtum Eusebs ist wohl durch die enge Verknüpfung mit dem Martyrium des Polykarp begründet.

[15] Martyrium des Pionius in: Knopf/Krüger (s. Anm. 3) 45f.

[16] Knopf/Krüger (s. Anm. 3) 57.

[17] BKV[2] 14, 345f.

[18] BKV[2] 14, 365f.

[19] Bruno Krusch, Studien zur christlich-mittelalterlichen Chronologie = Abhandlungen der Preußischen Akademie der Wissenschaften, Jg. 1937, Nr. 8, 1938, 10; dort auch Quellennachweis für Tiro Prosper.

[20] Ebd. 10.

[21] Tabelle ebd. 27ff.

[22] So ebd. 5.

[23] Narratio de Beato Simone bar Sabbae 4, ed. M. Kmosko, S. Simeon bar Sabbae. Praefatus est, etc., in: Patrologia Syriaca accurante R. Graffin, Pars I, Tomus II, 1907, 659-1047.

[24] Übersetzung nach Oskar Braun, Ausgewählte Akten persischer Märtyrer = BKV[2] 22, 1915, 8.

[25] Krusch (s. Anm. 19) 69.

[26] Übersetzung von Michael Schäfer.

[27] Krusch (s. Anm. 19) 64ff.

[28] Colgrave/Mynors schreiben in der Einleitung zur lat.-engl. Ausgabe der „Kirchengeschichte des englischen Volkes": „Bede soon came to the conclusion that the system introduced by

Dionysius Exiguus of reckoning from the birth of our lord, the Incarnation year of grace, was not only the simplest way but also the most appropriate for a book dealing with the history of the Christian Church. [...] indeed it is not too much to say that it was to this History more than to any other source that Christendom and most of the world owes its present system of chronology. But it is not merely that Bede's work provided future historians with a method of dating; the book itself became a pattern and gave a new conception of history to western Europe" (Bede's Ecclesiastical History of the English People, ed. by B. Colgrave and R. A. B. Mynors, 1969, xix).

[29] Frei nach Borst (s. Anm. 2) 18.

[30] Beda Venerabilis, HE II (20 Colgrave/Mynors).

[31] Gallisches Volk an der Scheldemündung.

[32] Übersetzung von Michael Schäfer.

[33] Beda Venerabilis, HE III (24 Colgrave/Mynors).

[34] Übersetzung von Michael Schäfer.

[35] Beda Venerabilis, HE IIII (24 Colgrave/Mynors).

[36] Übersetzung von Michael Schäfer.

[37] Anna-Dorothee von den Brincken hat nachgewiesen, daß es sich bei Marianus nicht um eine wirkliche linear-retrospektive Inkarnationsära handelt, sondern um ein zyklisches Denken, wobei nur in der zweiten Hälfte des letzten Zyklus vor Christi Geburt auf das Ende dieses Zyklus datiert wird. Dennoch bleibt festzuhalten, daß Marianus einen weiteren Schritt auf dem Weg zur Durchsetzung der retrospektiven Datierung nach Christi Geburt darstellt. Hierzu: Anna-Dorothee von den Brincken, Marianus Scottus als Universalhistoriker iuxta veritatem Evangelii, in: Heinz Löwe, Die Iren und Europa im früheren Mittelalter, Bd. 2, 1982, 970ff.

[38] Mariani Scotti Chronicon, ed. G. Waitz, MGH SS 5, 1844, 481-562.

[39] Text: Martini Oppaviensis Chronicon Pontificium et Imperatorem, ed. L. Weiland, SS 22, 1868, 377ff. Zur Verbreitung dieser Chronik bis in den armenischen und sogar mongolischen Einzugsbereich: Anna-Dorothee von den Brincken, Beobachtungen zum Aufkommen der retrospektiven Inkarnationsära, AfD 25, 1979, 13.

[40] Text: J. G. Eckhardt, Corpus Historicum Medii Aevi I, 1723, Sp. 1551ff. (vollständig, aber unkritisch) oder der Auszug bei O. Holder-Egger, MGH SS 24, 1879, 226ff.

[41] Eckhardt, Sp. 1551f.

[42] Übersetzung von Michael Schäfer (die folgenden Übersetzungen verstehen sich als Lesehilfe. Eine Übersetzung im eigentlichen Sinne ist wegen des fehlenden Satzbaus und der verkürzten Darstellung weder möglich noch sinnvoll).

[43] Eckhardt, Sp. 1552.

[44] Eckhardt, Sp. 1553f.

[45] Eckhardt, Sp. 1556-1558.

[46] Eckhardt, Sp. 1558-1560.

[47] Eckhardt, Sp. 1560-1563.

[48] Eckhardt, Sp. 1565.

[49] Eckhardt, Sp. 1568.

[50] Eckhardt, Sp. 1569.

[51] Eckhardt, Sp. 1570.

[52] Adalbert Klempt, Die Säkularisierung der universalhistorischen Auffassung, 1960, 86f.

[53] von den Brincken, Beobachtungen (s. Anm. 39) 18f.

[54] Der Text entstammt einer Xerokopie der Ausgabe von Arnold ther Hoernen (Hain 6918, UB Köln Ennen 70), die uns freundlicherweise von Frau Anna-Dorothee von den Brincken zur Verfügung gestellt wurde.

[55] Jacques-Bénigne Bossuet, Discours sur l'histoire universelle (1681), hier zit. nach der Ausgabe letzter Hand von 1700 (Neudruck Paris 1864), 24.

[56] Übersetzt von Hans Maier.

[57] Bossuet, Discours (s. Anm. 55), 71.

[58] Übersetzt von Hans Maier.

[59] Voltaire, Essai sur les moeurs et l'esprit des nations et sur les principaux faits de l'histoire depuis Charlemagne jusqu'à Louis XIII, t. I (ed. René Pomeau), 1963, 33ff.

[60] Übersetzt von Hans Maier.

[61] Procès-verbaux du Comité d'Instruction publique de la Convention Nationale publiés et annotés par M. J. Guillaume, t. II, 1894, 873ff.

[62] Vgl. Bronislaw Baczko, Le Calendrier Républicain, in: Les

Lieux de Mémoire (sous la direction de Pierre Nora), 1984; Peter Aufgebauer, Die astronomischen Grundlagen des französischen Revolutionskalenders, in: Die Sterne 51 (1975) 40ff.

[63] Siehe Anm. 61.

[64] Das Dekret enthält keine dem gregorianischen Kalender vergleichbare Schaltregel. Man behalf sich damit, das Jahr zu korrigieren, sobald die Differenzen zwischen Kalenderjahr und tropischem Jahr auf einen Tag angewachsen waren. „In der Praxis wurde ein Schalttag immer dann erforderlich, wenn das Herbstäquinoktium ohne ihn auf den zweiten Tag des Jahres fallen würde. Dies war in der Regel alle vier Jahre so. Ausnahmsweise konnte die Einschaltung erst nach fünf Jahren erforderlich werden, und zwar in den Fällen, wo das Äquinoktium in einem auf ein Schaltjahr folgenden Jahr unmittelbar nach Mitternacht eintrat, weil dann die Differenz von 5h 48m 46s zwischen dem tropischen und dem gemeinen bürgerlichen Jahr erst nach fünf Jahren den Unterschied von einem Tag ergab" (Aufgebauer [s. Anm. 62] 46).

[65] Der Grund für die Übergangsfrist von einem Jahr liegt in der Schwierigkeit, sofort zum Dezimalsystem überzugehen: alle Uhren mußten umgebaut, der Gang des Uhrwerks geändert, die Zifferblätter ausgewechselt werden! Wie die z. T. noch erhaltenen „Revolutionsuhren" zeigen, sah man sich genötigt, die alte Zwölferteilung parallel mitzuführen (Aufgebauer [s. Anm. 62] 42f.).

[66] Übersetzt von Hans Maier.

Die Abbildungen S. 11, 27, 57, 109, 115 und 117 wurden folgendem Werk entnommen: Gérard de Champeaux / Dom Sébastien Sterckx, Einführung in die Welt der Symbole, Zodiaque-Echter, Würzburg 1990.

Literaturverzeichnis

Quellen und Nachschlagewerke

Berthold Altaner / Alfred Stuiber, Patrologie, [9]1978.
Bede's Ecclesiastical History of the English People, ed. B. Colgrave and R. A. B. Mynors, 1969.
Bibliothek der Kirchenväter (BKV[2]), hg. von Otto Bardenhewer u.a., 1911ff.
Rudolf Knopf / Gustav Krüger, Ausgewählte Märtyrerakten, [3]1929.
Bruno Krusch, Studien zur christlich-mittelalterlichen Chronologie. Die Entstehung unserer heutigen Zeitrechnung (= Abhandlungen der Preußischen Akademie der Wissenschaften, phil.-hist. Kl. 8/1937), 1938.
Auguste Comte, Catéchisme positiviste, Edition commémorative, 1957.
J. G. Eckhardt, Corpus Historicum Medii Aevi I, 1723.
Hermann Grotefend / Theodor Ulrich, Taschenbuch der Zeitrechnung des deutschen Mittelalters und der Neuzeit, [10]1960.
Friedrich Nietzsche, Werke und Briefe I, 1934.
Mariani Scotti Chronicon, ed. G. Waitz, MGH SS 5, 1844.
Martini Oppaviensis Chronicon Pontificium et Imperatorum, ed. L. Weiland, MGH SS 22, 1868.
Patrologia Latina (PL), hg. von J. P. Migne, Paris 1876-91.
Patrologia Syriaca, ed. R. Graffin, 3 Bände, Paris 1894-1926.
Procès-verbaux du Comité d'Instruction publique de la Convention Nationale publiés et annotés par M. J. Guillaume, 6 Bände, Paris 1891-1907.
Philipp Vielhauer, Geschichte der urchristlichen Literatur, [2]1978.
Voltaire, Essai sur les Moeurs et l'Esprit des Nations, 1756.

Monographien

Josef Ackermann, Himmler als Ideologe, 1970.
Peter Aufgebauer, Die astronomischen Grundlagen des französischen Revolutionskalenders, in: Die Sterne 51, 1975.
Bronislaw Baczko, Le Calendrier Républicain, in: Les Lieux de Mémoire (sous la direction de Pierre Nora), 1984.
Arno Borst, Computus. Zeit und Zahl im Mittelalter, DA 44 (1988).
Arno Borst, Computus. Zeit und Zahl in der Geschichte Europas, 1990, [2]1991.

Anna-Dorothee von den Brincken, Marianus Scottus. Unter besonderer Berücksichtigung der nicht veröffentlichten Teile seiner Chronik, in: Deutsches Archiv für Erforschung des Mittelalters 17, 1961.

Anna-Dorothee von den Brincken, Beobachtungen zum Aufkommen der retrospektiven Inkarnationsära, in: Archiv für Diplomatik 25, 1979.

Anna-Dorothee von den Brincken, Marianus Scottus als Universalhistoriker iuxta veritatem Evangelii, in: Heinz Löwe (Hg.), Die Iren und Europa im früheren Mittelalter, Teilband 2, 1982.

Anna-Dorothee von den Brincken, Anniversaristische und chronikalische Geschichtsschreibung in den „Flores Temporum" (um 1292), in: H. Patze (Hg.), Geschichtsschreibung und Geschichtsbewußtsein im späten Mittelalter (= Vorträge und Forschungen XXXI), 1987.

Jean Corbon, Liturgie aus dem Urquell, 1981.

George V. Coyne, Gregorian Reform of the Calendar. Proceedings of the Vatican Conference . . ., 1983.

Oscar Cullmann, Christus und die Zeit. Die urchristliche Zeit- und Geschichtsauffassung, 1946, [3]1962.

Arnold A. T. Ehrhardt, Politische Metaphysik von Solon bis Augustin, Bd. II, 1959.

Heinrich Fichtenau, Politische Datierungen im Mittelalter, in: Beiträge zur Mediävistik. Ausgewählte Aufsätze, Bd. 3, 1986.

Karl Griewank, Der neuzeitliche Revolutionsbegriff, 1955.

John Hennig, Der Geschichtsbegriff der Liturgie, in: Schweizer Rundschau 49, 1949.

Hans Ulrich Instinsky, Die alte Kirche und das Heil des Staates, 1963.

H. Kaletsch, Art. Zeitrechnung, in: Lexikon der Alten Welt, 1965.

Karl Kertelge, Der Christ und die Staatsgewalt nach Römer 13, 1987.

Adalbert Klempt, Die Säkularisierung der universalhistorischen Auffassung. Zum Wandel des Geschichtsdenkens im 16. und 17. Jahrhundert, 1960.

Karl Löwith, Von Hegel zu Nietzsche, [3]1953.

Hans Maier, Revolution und Kirche, [5]1988.

Hansjörg Auf der Mauer, Feiern im Rhythmus der Zeit, I: Herrenfeste in Woche und Jahr (= Gottesdienst der Kirche. Handbuch der Liturgiewissenschaft, Teil 5), 1983.

Michael Meinzer, Der Französische Revolutionskalender (1792 bis 1805). Planung, Durchführung und Scheitern einer neuen Zeitrechnung, 1991.

Jürgen Miethke, Das Reich Gottes als politische Idee im späteren Mittelalter, in: Jakob Taubes (Hg.), Religionstheorie und Politische Theologie (Bd. 3: Theokratie), 1987.

Paul Mikat, Bemerkungen zur neutestamentlichen Sicht der politischen Herrschaft, in: Begegnung mit dem Wort (Festschrift für H. Zimmermann), 1980.

Mona Ozouf, La fête révolutionnaire 1789-1799, 1976.

Josef Pieper, Zustimmung zur Welt. Eine Theorie des Festes, [2]1964.

Hugo Rahner, Kirche und Staat im frühen Christentum, 1961.

Rolf Reichardt / Eberhard Schmitt, Die Französische Revolution als Bruch des gesellschaftlichen Bewußtseins, 1988.

Hermann Reifenberg, Fundamentalliturgie, Bd. II, 1978.

Frère Roger, Ta fête soit sans fin, 1971.

Ludwig Rohner, Kalendergeschichte und Kalender, 1978.

Willy Rordorf, Ursprung und Bedeutung der Sonntagsfeier im frühen Christentum, in: Liturgisches Jahrbuch 31, 1981.

Peter Rück, Die Dynamik mittelalterlicher Zeitmaße und die mittelalterliche Uhr, in: Hanno Möbius / Jörg Jochen Berns (Hg.), Die Mechanik in den Künsten. Studien zur ästhetischen Bedeutung von Naturwissenschaft und Technologie, 1990.

Peter Scheibert, Lenin an der Macht, 1984.

August Strobel, Ursprung und Geschichte des frühchristlichen Osterkalenders, 1977.

August Strobel, Texte zur Geschichte des frühchristlichen Osterkalenders, 1984.

Klaus Vondung, Magie und Manipulation. Ideologischer Kult und politische Religion des Nationalsozialismus, 1971.

Jürgen Wilke (Hg.), Mehr als ein Weekend? Der Sonntag in der Diskussion, 1989.

Heinz Zemanek, Kalender und Chronologie, [4]1987.

Personenregister

Abraham 15, 85, 95, 96, 112
Ackermann, Josef 130
Adam 15, 83, 84, 92, 112
Agabus 77
Alexander 70, 71, 87, 98, 99
Altaner, Berthold 130
Altermatt, Urs 129
Angelus Silesius 5
Anna 124
Apollonius 17, 62, 63, 119
Aram 85
Arendt, Hannah 127
Asklepiades 64, 65
Athanasius 122
Auf der Maur, Hansjörg 120, 121
Aufgebauer, Peter 128-130, 134
Augustinus 87, 88, 120
Augustus 23, 37, 38, 77, 78, 88, 95, 96, 119
Aurifaber, Johann 42, 111
Autolykus 119

Baczko, Bronislaw 10, 128, 133
Bardenhewer, Otto 130
Baumgärtner, Raimund 130
Bayle, Pierre 87
Beda Venerabilis 34-38, 58, 59, 74-79, 110, 125, 130-132
Belo 85
Berns, Jörg Jochen 123
Boaz (Booz) 85, 86
Borst, Arno 10, 31, 34, 74, 121-127, 130, 132
Bossuet, Jacques-Bénigne 42, 93-96, 112, 133
Bourgin, G. 129
Braun, Oskar 131
Brecht, Bert 31

Brincken, Anna-Dorothee von den 10, 36, 91, 118, 125, 126, 132, 133
Bucholzer, Abraham 42

Cäsar 23, 36, 75, 76, 110
Calvisius, Sethus 42, 127
Cham 84, 85
Champeaux/Sterckx 109
Chrétien de Troyes 124
Christus 12-19, 23-25, 27, 28, 32-43, 45, 75-96, 110-114, 118-127, 132
Claudius 76, 77, 88
Colgrave, B. 131, 132
Comte, Auguste 45, 53, 130
Conybeare 62
Corbon, Jean 121, 122
Cullmann, Oscar 118-120
Cyprian 17, 60, 61, 119, 131

David 86-88, 95, 96
Decius 64-66
Diognet 14, 119
Diokletian 18, 33, 77, 78
Dionysius Exiguus 18, 33, 35, 37, 43, 54, 67, 72, 73, 79, 110, 125, 132
Donar 22
Drusus 88

Eckhardt, J. G. 133
Ehrhardt, Arnold A. T. 118, 119
Eleutherus 77
Eusebius von Cäsarea 58, 62, 64, 131
Eva 84
Ezechias 86

Sachregister

Der Kalenderillustrator Karl Jauslin, in einer Selbstdarstellung (aus: Kalender-Bilder, a.a.O. S. 30).

Religion – Kultur – Geschichte

HERDER / SPEKTRUM